刊行にあたって

　本書は，コンプライアンス・オフィサー認定試験「金融コンプライアンス・オフィサー1級」および「同2級（CBT方式を含む）」の受験参考書として刊行されたものです。

　過去の試験問題については，『金融コンプライアンス・オフィサー1級問題解説集』（日本コンプライアンス・オフィサー協会編）および『同2級問題解説集』（同協会編）に収録されていますが，本書は，試験問題を解くための必要知識についての要点を解説し，試験に向けて活用していただくことを第一義に編集しています。

　金融機関の行職員にとって，コンプライアンス（法令等遵守）は金融業務のバックボーンとなるものです。正確・迅速な処理が求められる日常の事務処理においても，確実な業務知識の習得とともに法令等を遵守する基本姿勢は不可欠です。

　コンプライアンス・オフィサー認定試験「金融コンプライアンス・オフィサー1級・2級」は，金融機関の行職員のコンプライアンス知識の習得度を判定しようとするものですが，コンプライアンス知識を日頃より身に付け研鑽し，本試験にチャレンジすることは有用であり，これを広く推奨する所以です。

　本書を『金融コンプライアンス・オフィサー1級・2級問題解説集』と併せて有効に活用し，コンプライアンス・オフィサー認定試験「金融コンプライアンス・オフィサー1級・2級」に認定され，日常業務活動により一層邁進されることを祈念してやみません。

2024年2月

経済法令研究会

目 次

CONTENTS

第 3 編 金融機関の内部リスク管理態勢とコンプライアンス

☆ **本書の内容等に関する追加情報および訂正等について** ☆

本書の内容等につき発行後に追加情報のお知らせおよび誤記の訂正等の必要が生じた場合には，当社ホームページに掲載いたします。

（ホームページ 書籍・DVD・定期刊行誌 メニュー下部の 追補・正誤表 ）

本書の利用のしかた

　本書は，コンプライアンス・オフィサー認定試験「金融コンプライアンス・オフィサー１級」および「同２級（CBT方式を含む）」受験のための受験参考書です。

　当試験２級の問題は，四答択一式50問となっています。出題範囲および各問題数は「金融機関とコンプライアンス」10問，「金融取引とコンプライアンス」30問，「内部のリスク管理態勢とコンプライアンス」10問です。

　当試験１級の問題は，記述式10問となっています。出題範囲は２級と同様の範囲です。

　本書各編でとりあげる項目（テーマ）は，すべて過去の試験問題に出題され，その頻度の高いものを精選していますので，必ず一度は目を通し理解するまで読まれることをおすすめします。

　なお，本書には次の特長を設けています。

〈巻頭　出題項目一覧〉　２級は直近４回試験，１級は直近10回試験の出題テーマを一覧にしています。

〈本文　直近試験の出題頻度〉直近の出題傾向を５つ星で表しています。頻度が高いものほど★マークが多くなっています。

〈本文　学習のポイント（吹き出し）〉要点整理や理解を深めるためのポイントを記載しています。

〈本文　理解度チェック〉本文の内容の理解度をはかるために設けています。問題を解きながら要点を押さえましょう。

〈側注　関連過去問題〉コンプライアンス・オフィサー認定試験で過去に実際に出題され，本文に関連する問題の出題年と問題番号を掲載しています。

〈側注　重要用語〉本文を理解するうえで押さえておきたい用語をピックアップして，一部には解説を加えているものもあります。

〈側注　補足〉本文の説明を補足する内容またはポイント等をまとめています。主に理解を深めるために役立つものを扱っています。

〈側注　参照〉その箇所が他の編にも関連している場合に，参照として付記しています。また，本文の参考となる文献や出典についても付記しています。

〈側注　注意〉とくに留意すべき点をまとめています。
〈巻末　重要用語索引〉　重要用語（上記参照）を索引で引くことができます。

　本書を読まれ内容につき理解されましたら，過去の試験問題にチャレンジして
みましょう。そのためには，別に刊行されている『金融コンプライアンス・オフィ
サー１級問題解説集』および『同２級問題解説集』（ともに日本コンプライアンス・
オフィサー協会編）を利用されることをおすすめします。実際の問題を解いてみ
て，誤ったところは再度本書で確かめてください。その繰返しの学習により理解
は一層深まるでしょう。

1．金融機関とコンプライアンス

(1) コンプライアンス態勢の構築

(行動憲章／組織／銀行法等による規制／公益通報者保護法　ほか)

(2) 企業経営

(取締役・取締役会・監査役の役割／銀行の業務／利益供与／株主代表訴訟／贈収賄／特別背任／苦情・トラブル対応／反社会的勢力への対応／個人情報保護法　ほか)

2．金融取引とコンプライアンス

(1) 民法関連

(説明義務／貸手責任／提携ローンと抗弁／使用者責任／守秘義務／善管注意義務／権利の濫用／公序良俗に反する融資／取引約款　ほか)

(2) 会社法（手形法・小切手法を含む）等関連

(預合い・見せ金／情実融資／利益相反取引／取締役の第三者に対する責任／商慣習・取引約款　ほか)

(3) 刑法関連

(詐欺・電子計算機使用詐欺／横領・背任／文書偽造・変造／有価証券偽造・変造／公正証書原本不実記載／電磁的記録不正作出／支払用カード電磁的記録不正作出／共犯・幇助　ほか)

(4) 銀行法関連

(銀行法による金融商品取引法の準用／預金との誤認防止措置／大口信用供与規制／取締役への融資／営業免許制度／銀行等代理業　ほか)

(5) 独占禁止法関連

(他行とのカルテル・談合／優越的地位の濫用／不当な利益供与による顧客への誘引／抱合せ取引／系列取引・差別的取引・排他条件付取引／不当廉売／過大景品・誇大広告　ほか)

(6) 金融商品取引法関連

(登録金融機関の業務／適合性の原則／インサイダー取引／断定的判

断の提供／損失補てん／広告規制／不当勧誘・禁止行為／書面交付義務／詐欺的行為の禁止／相場操縦の禁止／風説の流布／投信の販売／金融商品仲介業　ほか)

(7)　諸法関連
(出資法／預金等不当契約取締法／金融サービス提供法・消費者契約法／所得税法／外為法／麻薬特例法・組織的犯罪処罰法／弁護士法・税理士法／宅建業法／保険業法／知的財産権法／犯罪収益移転防止法／個人情報保護法／偽造・盗難カード等預貯金者保護法／振り込め詐欺救済法／相続　ほか)

3．内部のリスク管理態勢とコンプライアンス

(1)　文書・書類の管理
(文書管理マニュアルの作成／電子データ化と文書保存義務／内部文書の管理　ほか)

(2)　高齢化社会のリスク管理
(高齢者取引／成年後見制度　ほか)

(3)　情報管理態勢
(銀行秘密／インサイダー情報の管理／信用照会制度／裁判所の文書提出命令，公的機関の照会／システムリスク／電子マネー・電子決済／個人情報の管理態勢　ほか)

(4)　契約・取引管理
(行員の代筆／保証否認／電子商取引／電子記録債権／当座開設　ほか)

(5)　人事・労務管理
(組合活動／男女差別／セクハラ／パワハラ／マタハラ／労働契約法／パートタイム，労働者派遣法　ほか)

※この試験に適用される約定書・規定類の内容は，原則として，これまでに全国
　銀行協会において作成されたもの(ひな型等)にもとづきます。

●金融コンプライアンス・オフィサー2級　過去4回の出題項目

分野		出題項目	2023年10月(第60回)	2023年6月(第59回)	2022年10月(第57回)	2022年6月(第56回)
金融機関とコンプライアンス	コンプライアンス態勢の構築	金融機関におけるコンプライアンス	○	○	○	○
		銀行法による規制	○	○	○	○
		内部通報制度（ヘルプライン）	○	○	○	
	企業経営	利益供与	○	○	○	○
		株主代表訴訟	○	○	○	○
		取締役の役割等	○	○	○	○
		取締役会設置会社における取役会の役割等				○
		社外取締役の設置等	○	○	○	
		監査役の役割等	○	○	○	○
		苦情・トラブルへの対応	○		○	○
		接待・贈答		○		
		反社会的勢力への対応	○	○	○	
金融取引とコンプライアンス	民法関連	善管注意義務	○			
		守秘義務	○			
		権利の濫用	○	○		
		公序良俗違反	○	○	○	○
		融資契約	○	○	○	
		使用者責任	○			○
	商法・会社法関連	情実融資	○	○	○	○
		仮装払込	○	○	○	○
		利益相反取引	○	○	○	○
		手形・小切手	○	○	○	○
		商慣習・取引約款等	○	○	○	○
	刑法関連	文書偽造等	○	○	○	○
		公正証書原本不実記載罪	○	○	○	
		(業務上)横領罪	○	○	○	○
		背任罪	○	○	○	
		詐欺罪	○	○	○	○
	独占禁止法関連	不当な取引制限(カルテル)	○			
		優越的地位の濫用	○	○	○	
		抱合せ取引	○			○
	金融商品取引法関連	適合性の原則	○	○	○	○
		断定的判断の提供	○	○	○	○
		投資信託の販売	○	○	○	
		広告等規制	○	○	○	○
		損失補てんの禁止等	○	○	○	○
		風説の流布	○	○		

分　野		出題項目	2023年10月 (第60回)	2023年6月 (第59回)	2022年10月 (第57回)	2022年6月 (第56回)
金融取引とコンプライアンス	諸法関連	浮貸し	○	○	○	○
		導入預金		○	○	○
		偽造・盗難カード等預貯金者保護法	○	○	○	○
		振り込め詐欺救済法	○	○	○	○
		知的財産権（著作権）	○	○	○	○
		金融サービス提供法		○		
		消費者契約法				○
		相続	○	○	○	○
内部のリスク管理態勢とコンプライアンス	文書・書類の管理	文書提出命令	○	○	○	○
	高齢化社会等のリスク管理	法定後見制度	○	○		○
		任意後見制度	○	○	○	
		後見登記制度		○	○	○
	情報管理態勢	インサイダー取引規制	○	○		○
		信用照会制度	○			○
		各種公的機関からの照会と対応	○	○	○	○
	契約・取引管理	保証	○		○	
		代筆	○	○		○
		電子記録債権	○	○	○	○
	人事・労務管理	パワーハラスメント		○	○	○
		労働契約法	○	○		○

●金融コンプライアンス・オフィサー1級　過去10回の出題項目

問	2023年10月
1	金融機関におけるコンプライアンス
2	法令等違反行為への対応
3	貸手責任
4	預金の払戻しにおける注意義務
5	業務上横領罪
6	断定的判断の提供
7	浮貸し
8	偽造・盗難カード等預貯金者保護法
9	インサイダー取引規制
10	セクシュアルハラスメント

問	2022年6月
1	苦情・トラブルへの対応
2	反社会的勢力への対応
3	利益相反取引
4	背任罪
5	業務上横領罪
6	損失補てん等の禁止
7	振り込め詐欺救済法
8	文書提出命令
9	公的機関からの照会
10	パワーハラスメント

問	2023年6月
1	金融機関におけるコンプライアンス
2	贈答
3	苦情・トラブルへの対応
4	守秘義務
5	背任罪
6	業務上横領罪
7	カルテル
8	金融サービス提供法
9	成年後見制度
10	パワーハラスメント

問	2021年10月
1	接待
2	苦情・トラブルへの対応
3	提携ローンにおける貸手責任
4	預金払戻時の注意義務
5	見せ金
6	背任罪
7	優越的地位の濫用
8	断定的判断の提供
9	法定後見制度
10	インサイダー取引規制

問	2022年10月
1	金融機関におけるコンプライアンス
2	内部通報制度(公益通報者保護法)
3	苦情・トラブルへの対応
4	暴力団排除条項の意義
5	融資予約
6	業務上横領罪
7	浮貸し
8	任意後見制度
9	弁護士会からの照会に対する対応
10	代筆

問	2021年6月
1	金融機関におけるコンプライアンス
2	苦情・トラブルへの対応
3	反社会的勢力への対応
4	背任罪
5	業務上横領罪
6	カルテル
7	浮貸し
8	偽造・盗難カード等預貯金者保護法
9	弁護士会照会
10	保証

問	2020年10月
1	金融機関におけるコンプライアンス
2	暴力団排除条項の意義
3	利益相反取引
4	背任罪
5	優越的地位の濫用
6	損失補てん等の禁止
7	断定的判断の提供
8	振り込め詐欺救済法
9	文書提出命令
10	任意後見制度

問	2019年6月
1	金融機関におけるコンプライアンス
2	反社会的勢力への対応
3	善管注意義務
4	背任罪
5	断定的判断の提供
6	浮貸し
7	マネー・ローンダリング
8	文書提出命令
9	保証
10	マタニティハラスメント

問	2019年10月
1	内部通報制度
2	苦情・トラブルへの対応
3	反社会的勢力への対応
4	守秘義務
5	提携ローンと抗弁
6	見せ金
7	業務上横領罪
8	金融商品販売法
9	インサイダー取引規制
10	セクシュアルハラスメント

問	2018年10月
1	内部通報制度
2	苦情・トラブルへの対応
3	反社会的勢力への対応
4	貸手責任
5	背任罪
6	業務上横領罪
7	投資信託の販売
8	振り込め詐欺救済法
9	成年後見制度
10	代筆

※ 2020 年 6 月試験は中止となりました。

第 **1** 編

金融機関と
コンプライアンス

1 | コンプライアンス態勢の構築

1 金融機関の公共性と社会的責任

📖 **重要用語**
信用創造機能

　金融機関の公共性は高い。このことは金融機関の基本的業務である預金や融資から考えても明白である。他人の金銭を預かり，これを融資等によって運用することで信用創造機能を果たしているからである。

　金融機関の公共性が高いということは，金融機関に課せられた社会的責任が重いことを意味する。不祥事件等の原因から金融機関が倒産すれば，個々の顧客の資産形成や事業経営に悪影響が出ることになり，ひいてはわが国の経済に大きな打撃を与える。

　金融機関の公共性と社会的責任に鑑みれば，金融機関にとって社会的信用こそが経営資源の基本であるといえる。

　しかるに，1990年代から2000年代の金融不祥事やこれを原因とする金融機関の淘汰は，公共的使命と社会的責任に反し，金融機関の社会的信用を著しく傷つけるものである。

　そこで，大蔵省（現財務省）から金融検査部門を受け継いだ当時の金融監督庁（現金融庁）は，平成11年4月8日に「預金等受入金融機関に係る検査マニュアル」（以下「金融検査マニュアル」という）の最終とりまとめ案を公表し（同年7月1日発出），法令遵守を金融機関の経営の柱とすることを求めた。この時点から金融検査に法令等の遵守状況が採用され，厳格な金融検査が行われてきたが，平成18事務年度から「金融検査評定制度」が導入され，検査を受けた金融機関が11項目について当局から評価される

こととなった。

　なお，平成29年12月15日に金融庁から公表され，パブリックコメントに付された「金融検査・監督の考え方と進め方（検査・監督基本方針）」（案）では，現行のチェックリスト方式の金融検査マニュアルが平成30年度終了後（平成31年4月1日以降）を目途に廃止するとされ，令和元年12月18日をもって廃止された。

　金融庁は，平成30年7月13日に上記コンプライアンス・リスク管理基本方針案（以下「本件方針」という）を公表し，パブリックコメントに付し，同年10月15日に確定した。

　本件方針は，いわゆるディスカッションペーパーであって，従来の金融検査マニュアルとは異なるものの，金融機関にとってはコンプライアンスとリスク管理態勢構築の方向性を示す重要な方針である。なお，本件方針の「Ⅰはじめに」には，「本文書は，より良い実務に向けた対話の材料とするためのものであり，検査や監督において，本文書の個々の論点を形式的に適用したり，チェックリストとして用いたりすることはしない」とされている。

　本件方針は，上記「Ⅰはじめに」，「Ⅱコンプライアンス・リスク管理の高度化の必要性」，「Ⅲ金融機関における管理態勢」，「Ⅳ当局による検査・監督」から構成されている。

金融機関は，公共的使命と社会的責任を適切な金融活動を通じて遂行する義務がある。

2　コンプライアンスの意義

　コンプライアンスとは，狭義では各種法令や規則などを遵守することを意味するが，広くはその他の社会的規範の遵守を含むも

重要用語
コンプライアンス

のとされる。

　金融機関のコンプライアンスは順次説明するが，取締役（理事）および監査役（監事）といった役員が服する会社法の規定，銀行法（信用金庫法等を含む）などの主に業務を規制した業法，金融取引の基本法の性格をもつ民法，刑法に代表される刑事法，独占禁止法，金融商品取引法など，広範囲にわたり，かつ，各々の法律から下位の政省令，規則に至るまで深いものといえる。

　金融機関の役職員は，これらの法令等を理解し，法令等を遵守したうえで業務を遂行しなければならず，誠実かつ公正な態度で臨む必要がある。

法律・規則に抵触しない場合でも，常に確固たる倫理観と誠実さにもとづき行動することが求められる。

2 | 金融機関の企業経営とコンプライアンス

1 取締役・取締役会の義務と責任

▶ 1. 取締役と会社との関係

　銀行の取締役は，株主総会によって選任され（会社法329条1項），銀行の業務執行に関する意思決定機関である取締役会を構成する銀行の役員である。

　株式会社である銀行では，取締役が業務執行を行うのではなく，銀行の機関である取締役会の構成員として業務執行に関する意思決定に参加することになる。

　すなわち，取締役の職務は，取締役会の一員として業務執行に関する意思決定に関与し，その他の取締役を監督することにあり，会社の業務執行は，取締役会で選定された代表取締役（会社法362条2項3号・3項），または業務執行取締役（同法363条1項2号）が行うことになる。

　取締役会設置会社である銀行の取締役の数は3人以上と定められ（会社法331条5項），欠格事由も法定されている（同条1項）。銀行の取締役の任期は，2年であるが，指名委員会等設置会社では1年とされている（同法332条1項・6項）。また，監査等委員会設置会社では，監査等委員である取締役は2年，その他の取締役は1年とされている（同法332条3項）。

　なお，銀行法7条の2第1項1号は，銀行の常務に従事する取締役は，銀行の経営管理を的確，公正かつ効率的に遂行することができる知識および経験を有し，かつ，十分な社会的信用を有す

関連過去問題
〈2級〉
🖊 2023年(10月)問6・7
🖊 2023年(6月)問6・7
🖊 2022年(10月)問6・7
🖊 2022年(6月)問5・6

📖 重要用語
取締役

📖 重要用語
代表取締役

📖 重要用語
業務執行取締役

📖 重要用語
取締役会設置会社

第1編

る者でなければならないと定めている。

　また，銀行の取締役は，銀行法上，兼職が制限されている。すなわち，銀行の常務に従事する取締役は，内閣総理大臣の認可を得なければ，他の会社の常務に従事してはならないとされている（銀行法7条1項）。

　会社法には，「社外取締役」が定められている。社外取締役とは，次の要件のすべてを充足する取締役をいう（会社法2条15号）。

> イ）当該株式会社またはその子会社の業務執行取締役もしくは執行役または支配人その他の使用人（以下「業務執行取締役等」という）でなく，かつ，その就任の前10年間当該株式会社またはその子会社の業務執行取締役等であったことがないこと。
>
> ロ）その就任の前10年内のいずれかの時において当該株式会社またはその子会社の取締役，会計参与または監査役であったことがある者（業務執行取締役等であったことがあるものを除く）にあっては，当該取締役，会計参与または監査役への就任の前の10年間当該株式会社またはその子会社の業務執行取締役等であったことがないこと。
>
> ハ）当該株式会社の親会社等（自然人である者に限る）または親会社等の取締役もしくは執行役または支配人その他の使用人でないこと。
>
> ニ）当該株式会社の親会社等の子会社等（当該株式会社およびその子会社を除く）の業務執行取締役等でないこと。
>
> ホ）当該株式会社の取締役もしくは執行役または支配人その他の重要な使用人または親会社等（自然人である者に限る）の配偶者または2親等内の親族でないこと。

協同組織的金融機関については,「(代表)取締役」は「(代表)理事」に,「取締役会」は「理事会」に,「監査役(会)」は「監事」にそれぞれ読み替える。

取締役と会社との関係は,民法上の委任契約関係にある(会社法330条)。取締役の義務の観点から重要な事柄は,取締役は,銀行に対し,委任契約上の「善良な管理者としての注意義務(以下「善管注意義務」という)」を負担しているという点にある(民法644条)。

この善管注意義務とは,社会通念上,取締役として通常要求される注意をもって,その職務を遂行すべきことである。より具体的な注意義務については,個々の事案において裁判所が判断することになるが,銀行の取締役の融資業務における注意義務については,その程度が一般の会社の取締役に比べ高いとされている(最決平成21・11・9刑集63巻9号1117頁)。

なお,取締役は,銀行に対し,忠実義務も負担しているが(会社法355条),この義務は,善管注意義務の内容を敷衍し,明確にしたにとどまるものと最高裁によって解釈されている。

このような取締役と銀行との関係から,取締役には,競業取引および以下に述べる利益相反取引をすることが制限されている(会社法356条)。

▶ 2. 利益相反取引

会社法365条1項・356条1項によれば,以下の行為が利益相反取引とされ,これらの取引を行うには,当該取引について重要な事実を開示し,取締役会(取締役会非設置会社では株主総会)の承認を受けなければならない。

① 取締役が自己または第三者のために銀行と取引をしようと

📖重要用語
善管注意義務

📖重要用語
忠実義務
法令および定款ならびに株主総会の決議を遵守し,株式会社のために忠実に職務を行う義務

📖重要用語
競業取引
取締役が自己または第三者のために会社の事業の部類に属する取引をすること

📖重要用語
利益相反取引

関連過去問題
〈2級〉
✎ 2023年(10月)問21
✎ 2023年(6月)問21
✎ 2022年(10月)問21
✎ 2022年(6月)問20
〈1級〉
✎ 2022年(6月)問3
✎ 2020年(10月)問3

第1編

すること（直接取引）

たとえば，

ⅰ）取締役が財産を譲り受けることまたは譲渡すること

ⅱ）銀行から金銭の貸付を受けること

などの取引である。

② 取締役以外の者との間において銀行と当該取締役との利益
が相反する取引をしようとすること（間接取引）

たとえば，銀行が取締役の債務を保証するなどの取引である。

なお，上記具体例は例示的な列挙であって，利益相反取引の一
切が含まれることおよび利益相反取引か否かは，銀行にとって不
利益な取引を制限するという会社法の趣旨から判断されることに
注意すべきである。

したがって，会社が取締役宛に約束手形を振り出すことは利益
相反取引に該当するが，取締役が無利息，無担保で会社に金銭を
貸し付けることは利益相反取引に該当しない。

また，会社間の取引についても利益相反取引が問題となること
もある。たとえば，同一の代表者が２つの会社を代表して取引を
行うことは，利益相反取引に該当するが，双方の代表者が別の代
表取締役であれば，利益相反取引に該当しない。さらに，親会社
と100％子会社との取引も利益相反取引ではない。この場合，子
会社は親会社の一部門にほかならず，利益相反自体が観念できな
いとされているのである。

会社法の規定に違反して利益相反取引がなされた場合の効力で
あるが，会社と取締役との間の直接取引については無効である。
ただし，直接取引においても利害関係ある第三者がいる場合，さ
らに間接取引の場合には，通説および裁判例によれば，会社が当
該第三者の悪意（取締役会または株主総会の承認なきことを知っ
ていたこと）を立証しない限り有効であると解釈している（相対

的無効説）。

　利益相反取引に関する取締役の責任については後述するが，当該取引によって会社に損失が生ずれば，損害賠償責任が発生する可能性が高く，自己のために利益相反取引の直接取引をした取締役の責任は無過失責任である。

　さらに，銀行法には，銀行の取締役について会社法の特別規定がある点に注意する必要がある。すなわち，取締役が融資を受けるなどの方法で，銀行から信用供与を得るには，その条件が当該銀行における信用供与の通常の条件に照らして，銀行に不利益を与えるものであってはならない（銀行法14条１項）。

　また，上記利益相反取引の際に必要な取締役会決議の要件も加重されている。すなわち，会社法369条１項において，取締役会の決議は，議決に加わることのできる取締役の過半数が出席し，その過半数をもって行うとされているところ，銀行の取締役に対する信用供与については，出席した取締役の３分の２以上の多数をもって決議しなければならないのである（銀行法14条２項）。

どのような取引が利益相反取引に該当するか，具体的に整理しておこう。

▶ 3. 取締役会の役割と権限

　取締役会は，取締役全員で構成される合議体であり（会社法362条１項），主要な職務は，業務執行に関する意思決定，取締役の業務執行に関する監督ならびに代表取締役の選定および解職である（同条２項）。もとより，取締役は，銀行に対して善管注意義務および忠実義務を負っており，銀行の業務執行に関する決定に与するとともに，他の取締役を監督する職責を担っていることを前提としている。

　上記のように，取締役会の権限事項は，銀行の業務執行全般に

重要用語

取締役会

わたるから，多種多様な経営問題を扱うことになるが，会社法362条４項は，取締役に委任できない事項，つまり必ず取締役会の決定によらなければならない事項を定めている。それは以下の事項である。

---

① 重要な財産の処分および譲受け（１号）

② 多額の借財（２号）

③ 支配人その他の重要な使用人の選任および解任（３号）

④ 支店その他の重要な組織の設置，変更および廃止（４号）

⑤ 募集社債に関する事項その他の社債を引き受ける者の募集に関する重要な事項として法務省令で定める事項（５号）

⑥ 取締役の職務の執行が法令および定款に適合することを確保するための体制その他株式会社の業務ならびに当該株式会社およびその子会社から成る企業集団の業務の適正を確保するために必要なものとして法務省令で定める体制の整備（６号）

⑦ 定款の規定に基づく役員等の責任の免除（７号）

---

①ないし④については，従来から商法に規定されていた事項であるが，⑤ないし⑦については，会社法で明文化されたものである。特に，⑥については「内部統制システムの構築に関する決定」事項であり，いわゆる法令等遵守態勢の構築を図らせるものであって，銀行等の大会社においては必要的決定事項とされている（会社法362条５項）。ただし，銀行においては，従前「金融検査マニュアル」に従った検査が行われており，法令等遵守態勢が整備されているから，本規定が大きな負担となるものではないであろう。

これらの事項が取締役会（株主総会）の決議を経由しないで執行された場合，第三者である相手方が決議のないことを知っていたか，または，知ることができた場合には，その効力が否定され

⚠ 注意
金融検査マニュアルは，令和元年12月18日をもって廃止された。

る可能性がある。

　なお，平成14年の商法改正によって，上記①と②について，重要財産委員会の決議をもって取締役会決議に代替することができるとされていたが，会社法は，重要財産委員会制度を廃止し，特別取締役による取締役会の決議に変更した。すなわち，取締役会設置会社において取締役が6人以上おり，うち1人以上が社外取締役である会社においては，あらかじめ選定した取締役3人以上からなる特別取締役による決議をもって決定ができることとなった。そして，特別取締役を選定するには，取締役会の決議があれば足りる（会社法373条1項）。

　取締役会が開催された場合には，出席した取締役および監査役が署名した議事録等を作成しなければならず，この議事録等は，取締役会の日から10年間本店に据え置かなければならない（会社法371条1項）。

　会社法では，取締役会の開催を省略することが認められた（会社法370条）。すなわち，取締役が決議の目的事項について提案した場合において，その提案についてすべての取締役が書面または電磁的記録によって同意したとき（監査役にも異議なき場合）には，取締役会の決議があったものとみなす旨の定款規定を設けることができるのである。

▶ 4. 取締役の会社に対する責任

① 　責任の発生事由と賠償金額

　会社法423条は，役員等の会社に対する責任について規定している。旧商法においては，取締役につき，法定の無過失責任規定が置かれていたが，会社法は，取締役の責任についても任務懈怠責任を原則とした。つまり，取締役の責任も自己の任務を懈怠したことに基づく債務不履行責任であることを明確にしたのである（会社法423条1項）。ただし，取締役の地位と権限に鑑み，過失

重要用語
任務懈怠責任

重要用語
債務不履行責任

重要用語
過失

を推定する規定（同条３項）があるから，立証責任が転換され，取締役側が過失なきことを主張立証しなければ責任を免れないことになっている。すなわち，利益相反取引によって利益を受けた取締役，会社が当該取引を行うことを決定した取締役，取締役会の承認決議に賛成した取締役については，その任務を怠ったものと推定されるのである。ただし，監査等委員会設置会社において，当該取引が同委員会の承認を受けたときは過失の推定がされない（同条４項）。

　なお，直接取引の主体となった取締役については，無過失責任とされている（同法428条１項）。さらに，取締役会において明確に賛成しなかった場合でも，議事録に異議をとどめなかった者は賛成したものと推定され，責任を負うことになることに注意すべきである（同法369条５項）。

　また，株主の権利行使に関する利益供与については，直接利益を供与した取締役については責任を免れることができず（無過失責任），その他利益供与に関与した取締役には過失が推定される（会社法120条４項）。

　取締役の会社に対する具体的な責任のとり方は，金銭による損害賠償であるが，その金額について競業取引では取締役の得た利益をもって会社の損失と推定する旨の規定があり（会社法423条２項），違法な剰余金の分配についても責任金額が定められている（同法462条１項）。取締役の任務懈怠等による会社に対する賠償金額については，以下のとおりである。

行為	会社に対する賠償金額
違法な剰余金の分配をしたとき	分配された金額
株主の権利行使に関して利益供与をしたとき	供与された金額
利益相反取引をしたとき	会社が受けた損害額
任務懈怠行為があったとき	会社が受けた損害額

上記行為を行った取締役が複数ある場合には連帯責任となる（会社法430条）。

②　責任の免除と限定契約

　会社法423条による取締役の責任の免除は，総株主の同意が必要とされている（会社法424条）。株主の権利行使に対する利益供与に基づく義務の免除も同様とされている（同法120条5項）。

　ⅰ）株主総会の特別決議をもって行う責任の一部免除（会社法425条）

　この制度を利用する前提として，取締役の責任事由が会社法423条1項に基づく責任に限定され，かつ，当該取締役が職務遂行につき，善意かつ無重過失であることを要する。したがって，違法な剰余金の分配や利益供与などの事由から生じた責任を一部免除することはできない。また，利益相反取引のうち直接取引の主体となった取締役も一部免除を受けられない（会社法428条2項）。さらに，取締役が職務遂行における任務違背について悪意（任務

補足

その他，旧商法時代の平成14年改正法によって，導入された責任軽減措置を会社法も引き継いでいる。

第1編

主体	責任の免除額
代表取締役	賠償額から，当該年度または前年度のうち最も高い報酬等の金額6年分，退職金の合計額または退職金等の合計額をその職にあった年数で割った金額×6のいずれか低い金額およびストック・オプションによって得た利益を控除した金額まで免除することができる。
代表取締役以外の取締役（業務執行取締役等である者に限る）	賠償額から，当該年度または前年度のうち最も高い報酬等の金額4年分，退職金の合計額または退職金等の合計額をその職にあった年数で割った金額×4のいずれか低い金額およびストック・オプションによって得た利益を控除した金額まで免除することができる。
上記以外の取締役	賠償額から，当該年度または前年度のうち最も高い報酬等の金額2年分，退職金の合計額または退職金等の合計額をその職にあった年数で割った金額×2のいずれか低い金額およびストック・オプションによって得た利益を控除した金額まで免除することができる。

2　金融機関の企業経営とコンプライアンス　　**13**

違背であることを知っていること）または，重大な過失があって知らなかった場合には，責任を一部免除することはできない。

株主総会における責任の免除額は前頁のとおりである。

総会の特別決議に議案を提出するには，監査役設置会社では，監査役全員の同意が必要である。また，監査等委員会設置会社では各監査等委員の同意，指名委員会等設置会社では各監査委員の同意が必要である（会社法425条3項）。

ⅱ）定款に基づく取締役会決議による責任の一部免除（会社法426条）

取締役が2人以上いる監査役設置会社，指名委員会等設置会社または監査等委員会設置会社は，定款で取締役会決議によって責任の一部免除を定めることができる。ただし，「責任の原因となった事実の内容，当該役員等の職務の執行の状況その他の事情を勘案して特に必要と認めるとき」という条件が付されている。その他の要件および免除額は上記ⅰ）と同様であるが，免除後に株主に対する異議手続があり，総株主の議決権の3％以上の議決権を有する株主からの異議があれば免除することができなくなる。

ⅲ）責任限定契約（会社法427条）

会社は，定款で非業務執行取締役等（会計参与・監査役・会計監査人を含む）につき，責任を前記ⅰ）の金額（最低責任限度額報酬2年分）または会社が定めた金額とのいずれか高いほうを最高限度とする内容の契約を締結することができる旨定めることができる。

▶ 5. 取締役の第三者に対する責任

取締役は，第三者に対しても責任を負うことがある。すなわち，会社法429条1項は，取締役（役員等）がその職務を行うにつき，悪意または重大な過失があったときは，第三者に対しても責任を負うと規定している。この責任の法的性質については，諸説ある

が，通説・判例によれば，取締役が職務執行について任務違背があることを知って（悪意）または重大な過失によってこれを知らなかった場合に，第三者が損害を受ければ，その第三者に対して損害を賠償しなければならないのである。

なお，取締役が，①株式，新株予約権，社債もしくは新株予約権付社債を引き受ける者の募集をする際に通知しなければならない重要な事項についての虚偽の通知または当該募集のための説明資料について虚偽の記載等をした場合，②計算書類および事業報告書ならびにこれらの附属明細書等に記載し，または記録すべき重要な事項について虚偽の記載または記録をした場合，③虚偽の登記，④虚偽の公告をした場合には，過失なきことを当該取締役が立証しなければ，第三者に生じた損害を賠償しなければならない（会社法429条2項）。

▶ 6. 代表取締役の地位と権限

代表取締役は，株式会社を代表して業務を執行する機関であり，銀行等の取締役会設置会社では取締役会によって選定される（会社法362条2項3号・3項）。取締役会を設置していない株式会社では，取締役が会社を代表するが（同法349条1項），定款や株主総会決議によって代表取締役を定めることもできる（同条3項）。

代表取締役の権限としては，第一に会社を代表する権限（代表権）がある。

次に，代表取締役は，会社の業務に関する一切の裁判上または裁判外の行為をする権限を有している（会社法349条4項）。会社の業務に関する行為とは，業務としてなされる行為だけでなく，業務のためになされる行為を含むから，広範で包括的な権限である。そして，この権限に制限を加えても，制限を知らない第三者に主張することはできない（同条5項）。

さらに，会社が代表取締役でない者に代表権があるような名称

重要用語

代表取締役

重要用語

代表権

🔍 補足

旧商法には，共同代表取締役制度が存在した。しかし，会社法は共同代表の登記を廃止したので，共同代表制度を選択しても内部的制限に過ぎなくなり，善意の第三者に対抗できないことは前述のとおりである（会社法349条5項）。

を付与した場合，その者が第三者と代表取締役として行為したときには，第三者がその事実を知らなかったのであれば，会社は代表取締役の行為ではないことを理由にその効果が会社に帰属しないことを主張できない。これが表見代表取締役の制度である（会社法354条）。

▶ 7. 業務執行取締役

平成14年の旧商法改正によって，業務執行取締役の制度が導入された。すなわち，従来の実務慣行では，代表取締役以外の取締役が専務取締役または常務取締役という名称で事実上会社を代表して業務執行を行ってきた。かかる実務慣行を制度化したのであるが，会社法もこの制度を承継している（会社法363条1項2号）。

業務執行取締役は，取締役会決議によって選定される。そして，本人が受諾すれば，業務執行取締役となり，代表取締役と同様に業務執行権をもつことになる。なお，業務執行取締役も代表取締役と同様に3か月に1回は取締役会に報告する義務を負う（会社法363条2項）。

▶ 8. 指名委員会等設置会社

平成14年の旧商法改正によって指名委員会等設置会社の特例が認められた。すなわち，「株式会社の監査等に関する商法の特例に関する法律」（商法特例法）上の大会社（みなし大会社を含む）においては，定款を変更することにより，委員会設置会社になることができることとされたのである。会社法も委員会制度を承継し，大会社だけでなく，すべての株式会社において委員会制度を選択できることになった。

指名委員会等設置会社の特色は，取締役が業務執行行為を行わず，会社の基本的な決定と執行役（業務執行を行う新たな職員）の監督のみを行い，監査役制度が廃止されていることにある（会社法327条4項）。

重要用語
表見代表取締役

重要用語
業務執行取締役

重要用語
指名委員会等設置会社

取締役が監査役の役割を担うため，取締役によって構成される監査委員会，報酬委員会，指名委員会が設置される（会社法2条12号）。そして，これらの委員会は，取締役会決議によって選定された3人以上の取締役からなり（同法400条1項・2項），各委員会は，構成員のうち過半数を社外取締役が占めなければならない（同条3項）。

　また，取締役会は，業務執行を行う機関としての執行役および代表執行役を選任する（会社法402条・420条1項）。代表取締役等が行っている業務執行については，これら執行役が行うことになる（同法418条）。

2 監査役・監査役会の義務と責任

▶ 1. 監査役の意義

　監査役は，銀行における監査を任務とする機関である。旧商法では，株式会社における必要的機関とされていたが，会社法では，監査等委員会設置会社，指名委員会等設置会社以外の取締役会設置会社（非公開かつ会計参与設置会社を除く）では監査役を設置する必要がある（会社法327条2項・3項）。

　監査役の役割は，公開会社以外の会社では定款規定で会計監査に制限することが可能だが，銀行等の監査役設置会社では，会計監査から取締役の業務監査まで多岐にわたる。特に，大会社，かつ，上場企業の多い銀行において，監査役に期待されている役割は大きく，取締役の不正行為を未然に予防し，不正行為がなされた場合には，速やかに是正措置をとる必要がある。なお，監査役と会社との関係も取締役と同様に委任契約関係にある（会社法330条）。

　平成25年に銀行法が改正され，銀行の監査役および監査等委員に対し，適格性の要件が付加されている。具体的には，監査役ま

関連過去問題

〈2級〉
🖊 2023年(10月)問8
🖊 2023年(6月)問8
🖊 2022年(10月)問8
🖊 2022年(6月)問7

重要用語

監査役

たは監査等委員であれば「銀行の取締役（会計参与設置会社にあっては，取締役及び会計参与）の職務の執行の監査を的確，公正かつ効率的に遂行することができる知識及び経験」，監査委員であれば「銀行の執行役及び取締役（会計参与設置会社にあっては，執行役，取締役及び会計参与）の職務の執行の監査を的確，公正かつ効率的に遂行することができる知識及び経験」を有する者でなければならない（銀行法7条の2第1項2号・3号）。

監査役と会社との関係は，委任契約関係にある。善管注意義務や忠実義務についても確認しておこう。

▶ 2. 監査役の選任等

① 監査役の選任および任期等

　監査役も取締役と同様に株主総会で選任され（会社法329条1項），その任期は4年である（同法336条1項）。

　監査役の数は，監査役会設置会社では3人以上の監査役が必要であり，しかも，そのうち半数以上が社外監査役でなければならない（会社法335条3項）。監査役会設置会社において，半数以上の社外監査役を選任しなかった場合には，100万円以下の過料に処せられる（同法976条20号）。

　上記のように監査役の選任は，株主総会によって行われるが，従来の実務慣行では，代表取締役が人選をしていた。しかし，監査役の役割と独立性という観点から，代表取締役が人選することが好ましい結果を生まないため，平成13年の商法改正によって，大会社においては，監査役選任の議案を株主総会に提出するに際して，監査役会の同意を要することにした（旧商法特例法18条3項・3条2項）。会社法も監査役選任議案に対する監査役または監査役会の同意制度を承継している（会社法343条）。また，監査役

は，株主総会において監査役の選任について意見を述べることができる（同法345条4項・1項）。

　次に，監査役の解任および辞任についても，株主総会において意見を述べることができる（会社法345条4項・1項）。

　さらに，監査役の解任については，株主総会の普通決議ではなく，特別決議（議決権を行使できる株主の議決権の過半数を有する株主が出席し，出席株主の議決権の3分の2による多数決）を必要とすることに注意すべきである（会社法309条2項7号）。

📖重要用語

特別決議

　なお，監査役または監査等委員会は，取締役に対し，監査役もしくは監査等委員の選任を株主総会の目的とすること，または監査役もしくは監査等委員の選任に関する議案を株主総会に提出することを請求することができる。

② 監査役の資格

　監査役には取締役と異なり兼職禁止規定がある。すなわち，その会社または子会社の取締役・支配人その他の使用人，または子会社の会計参与・執行役を兼ねることができない（会社法335条2項）。

📖重要用語

兼職禁止規定

　また，前記のとおり，監査役会設置会社では社外監査役を選任する必要があるが，この社外監査役の要件が厳格になっている。すなわち，会社法2条16号は，社外監査役とは，次の要件のすべてを充足する監査役であると定めている。

📖重要用語

社外監査役

> イ）その就任の前10年間当該株式会社またはその子会社の取締役，会計参与もしくは執行役または支配人その他の使用人であったことがないこと。
>
> ロ）その就任の前10年内のいずれかの時において当該株式会社またはその子会社の監査役であったことがある者にあっては，当該監査役への就任の前の10年間当該株式会社また

はその子会社の取締役，会計参与もしくは執行役または支配人その他の使用人であったことがないこと。

ハ）当該株式会社の親会社等（自然人である者に限る）または親会社等の取締役，監査役もしくは執行役もしくは支配人その他の使用人でないこと。

ニ）当該株式会社の親会社等の子会社等（当該株式会社およびその子会社を除く）の業務執行取締役等でないこと。

ホ）当該株式会社の取締役もしくは支配人その他の重要な使用人または親会社等（自然人である者に限る）の配偶者または2親等内の親族でないこと。

📖 重要用語
常勤監査役制度

さらに，監査役会設置会社においては，常勤監査役制度が導入されている。監査役会設置会社では，監査業務が広範多岐にわたるため，監査業務の実効性を高めるために，常勤の監査役を監査役会が選定すると定められているのである（会社法390条2項2号）。

監査役には，取締役と異なり兼職が禁止されていることを押さえておこう。

▶ 3. 監査役の権限と義務

① 権　限

📖 重要用語
会計監査

📖 重要用語
業務監査

📖 重要用語
非公開会社
株式に譲渡制限がある会社

監査役の職務は，取締役の職務執行を監査することであるから，その権限も会計監査のみならず，業務監査も含まれる。したがって，その権限も広範である。ただし，非公開会社においては，定款をもって監査役の権限を会計監査に限定することができる（会社法389条1項）。

特に，大会社では，会計監査について外部の会計監査人（公認会計士または監査法人）の監査を受ける必要があるので（会社法

328条），監査役監査は，主に取締役の業務監査である。

　監査役に認められた権限としては，取締役，会計参与ならびに支配人その他の使用人に対して事業報告を求め，業務および財産の状況を調査することができる（会社法381条2項）。また，親会社監査役による子会社の業務，財産調査権（同条3項），取締役会招集権（同法383条3項），会社と取締役間の訴えの会社代表権（同法386条），取締役の違法行為に対する差止請求権（同法385条1項）などがある。

② 義　務

　監査役は，監査報告書を作成しなければならず（会社法381条1項），株主総会に提出される議案や書類等を調査し，不当な事項があれば報告しなければならない（同法384条）。その他にも取締役会に出席し，意見を陳述する義務（同法383条1項）を負っている。

重要用語
監査報告書

監査役の権限は，会計監査のみならず業務監査も含まれる。非公開会社においては，定款をもって監査役の権限を会計監査に限定することができる。

▶ 4. 監査役会

　監査役会は，旧商法特例法によって大会社のみに認められた制度であったが，会社法では会社の規模を問わず採用することができる。ただし，監査等委員会設置会社または指名委員会等設置会社を除く大会社かつ公開会社では，必要的機関とされている（会社法328条1項）。

　監査役会は，監査役全員をもって組織される（会社法390条1項）。しかし，監査役は独任制機関であることから，取締役会と異なり，監査役会の機能は，情報交換や監査の分担を決めることに

重要用語
独任制
各自が単独でその権限を行使すること

よって，より実効的で効率的な監査を可能にすることである。したがって，後記③の決定も個々の監査役の権限行使を拘束できない。

監査役会の権限は，①監査報告の作成，②常勤監査役の選定および解職，③監査の方針，監査役会設置会社の業務および財産の状況の調査方法その他の監査役の職務執行に関する事項の決定である（会社法390条2項）。

監査役会は，上記以外にも会計監査人の選任および不再任に関する議案決定権限（同法344条），解任に関する権限（同法340条）等の権限を有している。

▶ 5. 監査役の責任

監査役の責任については，取締役と同様である。委任契約の受任者として善管注意義務を負担し，任務懈怠があれば損害賠償責任を負うことになる（会社法423条）。複数の監査役または取締役との共同行為による場合には，各自連帯責任となる（同法430条）。責任の免除についても取締役とまったく同様である（同法425条～427条）。

監査役は，その職務を行うにつき，悪意または重過失があったときには第三者に対しても損害賠償責任を負うことも取締役と同様であるが，監査報告に記載すべき重要な事項について虚偽の記載または記録がされた場合には，任務懈怠なきことを立証しない限り，責任を負うものとされている（会社法429条）。

3 監査等委員会設置会社

重要用語
監査等委員会設置会社

▶ 1. 意　義

平成26年改正会社法により，監査等委員会設置会社が創設された。監査等委員会は，従来の監査役会設置会社と異なる制度であ

って，代表取締役等業務執行者に対する監査および監督を，その過半数が社外取締役によって構成される監査等委員会が実施するという制度である。

このような制度が導入されたのは，社外取締役の増員を図ることにより，コーポレート・ガバナンスの充実を実現すべきであるとの事情がある。会社法には，別途指名委員会等設置会社制度が存するものの，役員の人事権（選任と報酬）が社外取締役からなる委員会の権限とされることを嫌う我が国の大企業に対して，より受容し易い制度を準備したものである。加えて，上場会社等における監査役の半数を社外の者が占める現行制度では，監査役会を監査等委員会に変更することも容易であるとのメリットがある。

▶ 2. 監査等委員会の構成

監査等委員会は，3人以上の取締役から構成され，その過半数が社外取締役でなければならない（会社法331条6項）。監査等委員会設置会社には，取締役会および会計監査人を設置しなければならず（同法327条1項3号・5項），監査役を置くことはできない（同法327条4項）。なお，監査等委員が取締役であることから，常勤の監査委員取締役を選定する必要はないとされている。

監査等委員会設置会社となるか否かは，定款自治の問題であり，会社が自由に定めることができる（同法326条2項）。

▶ 3. 監査等委員の独立性の確保

監査役に代わる監査等委員会であるから，監査等委員会およびその構成員である取締役の独立性が確保されなければならないことは当然である。そのため会社法は，監査等委員である取締役を他の取締役と区別して株主総会決議によって選任（同法329条2項）すること，および解任される（同法339条1項）こと，解任には特別決議を要する（同法344条の2第3項・309条2項7号）こととしている。

監査等委員会の委員である取締役は，監査等委員会設置会社またはその子会社の業務執行者を兼ねることはできないとされている（同法331条3項）。

▶ 4. 監査等委員会および監査等委員の職責と権限

　監査等委員会は，次の職責を担っている（同法399条の2第3項）。
　ⅰ）取締役の職務の執行の監査および監査報告書の作成
　ⅱ）株主総会に提出する会計監査人の選解任等に関する議案の内容の決定
　ⅲ）取締役の指名と報酬に関する監査等委員会の意見の決定
　これら以外にも，取締役と会社との間の利益相反取引によって，会社が損害を受けた場合において，一定の取締役の任務懈怠を推定するとの定めがある（同法423条3項）が，監査等委員会設置会社では，取締役（監査等委員であるものを除く）との利益相反行為について，監査等委員会が事前に承認した場合には，取締役の任務懈怠を推定しないこととされている（同条4項）。

重要用語
報告徴求

重要用語
業財務調査権

　監査等委員会の権限としては，監査等委員会設置会社の取締役等および子会社に対する報告徴求と業財務調査権があるが，この権限を行使するのは監査等委員会が選定する監査等委員である（同法399条の3第1項・第2項）。
　その他にも監査等委員会には，監査等委員会設置会社と取締役との訴訟等につき，会社を代表する監査等委員を選定する権限（同法399条の7）がある。
　これに対し，監査等委員は株主総会への報告義務（同法399条の5）のほか，取締役会への報告義務（同法399条の4），取締役の違法行為等への差止請求権がある（同法399条の6）。

関連過去問題
〈2級〉
🖊 2023年(10月)問5
🖊 2023年(6月)問5
🖊 2022年(10月)問5
🖊 2022年(6月)問4

4　株主代表訴訟

▶ 1. 株主代表訴訟の意義

　近年，コーポレート・ガバナンス（企業統治）という言葉を耳にする機会が増えている。所有と経営が分離している巨大企業にとって，ともすれば会社の経営陣が株主の利益を忘れた不正行為を行うことがある。このような場合，会社の所有者である株主が経営陣である役員の責任を追及することは，株主のための企業統治を実現する手段となる。つまり，株主代表訴訟は，株主にとってコーポレート・ガバナンスを実現するための有力な武器となっているのである。

　この制度の概要を端的に表現すれば，株主が役員の責任を会社に代って裁判手続で追及するものといえよう。たとえば，銀行の代表取締役が株主である総会屋に株主総会で質問をしないことの見返りとして，1億円の利益を供与した場合，株主に対する利益供与は違法行為であり，供与した金額が会社の損害とされているから，当該代表取締役は供与した1億円を銀行に賠償しなければならない。代表取締役が任意に賠償しないのであれば，銀行が代表取締役を被告として裁判所に訴えを提起する必要がある。しかし，代表取締役は銀行のトップ経営者であるから，銀行が訴えを提起しないこともありうる。このような場合に，株主が監査役に対して，訴え提起を促す書面を送付しても60日以内に訴えが提起されないとき，株主が会社を代表して訴え提起をする制度が株主代表訴訟である。

重要用語
コーポレート・ガバナンス(企業統治)

▶ 2. 代表訴訟の要件

　代表訴訟の要件は以下のとおりである（会社法847条1項）。

　ⅰ）会社が役員に対して債権を有しており，

　ⅱ）6か月前から引き続き株式を有する株主が（不正行為時に

重要用語
代表訴訟

株主である必要はないことに注意），

ⅲ）会社（取締役の責任追及については監査役，監査役の責任追及については代表取締役）に対して書面で訴えを提起するように請求したにもかかわらず，会社が請求の日から60日以内に訴えを提起しなかったこと。

ただし，ⅱ）の要件は非公開会社には不要であり，ⅲ）の要件は，60日の期間を待っていては会社に回復し難い損害が生ずる場合には不要である（会社法847条5項）。

なお，会社法では，不当な訴訟を防止するため，代表訴訟が当該株主もしくは第三者の不正な利益を図り，または会社に損害を与えることを目的とする場合には，請求できないこととされている（同法847条1項ただし書）。

また，会社法では，株主から訴え提起を請求された会社が訴えを提起しない場合には，調査の方法および結果を書面または電磁的記録によって，当該株主に通知しなければならないとされている（同法847条4項）。

さらに，原告適格として，訴訟係属中は会社の株主であることが必要であるが，株式移転，株式交換または合併により，株主でなくなった場合でも，訴訟を追行することができることとされている（会社法851条1項）。

▶ 3. 代表訴訟の費用

代表訴訟の費用であるが，裁判所に納める費用が訴額の多寡にかかわらず，一律13,000円とされている（会社法847条の4第1項，民事訴訟費用等に関する法律4条2項）。また，弁護士費用，調査費用などについては，株主負担であるが，株主が勝訴すれば，会社に請求できることになっている（会社法852条1項）。

▶ 4. 代表訴訟の効果

代表訴訟において株主が勝訴すれば，敗訴した役員が会社に損

害賠償をしなければならないことになる。他方，株主が敗訴した場合には，役員が責任を免れ，悪意の株主は取締役に損害賠償する義務を負う。なお，株主悪意の場合に備えて，担保金の提供制度が認められている。すなわち，被告となった役員は，原告の悪意を主張立証して，原告敗訴，被告勝訴の場合の損害補てんに備えて担保金を積むことを請求できるのである（会社法847条の4第2項・3項）。裁判所が担保提供を認めたにもかかわらず，原告が担保提供できないときには，訴訟は却下されることになる。

　また，平成13年の商法改正で，会社が監査役（監査役会）の同意を受けて，被告役員を補助するために訴訟に参加することができるとされており，会社法もこれを承継している（同法849条1項・2項）。さらに，株式会社等が，株主代表訴訟において和解するには，監査役設置会社では監査役全員の同意，監査等委員会設置会社では監査等委員全員の同意，指名委員会等設置会社では監査委員全員の同意が必要（同法849条の2）であり，裁判所が株式会社等に和解内容を通知し，2週間以内に異議を述べない場合には，和解内容を承認したものとみなすとの規定が置かれている（同法850条3項）。

▶ 5. 多重代表訴訟（特定責任追及の訴え）

　平成26年改正会社法により，いわゆる多重代表訴訟制度が認められることとなった。多重代表訴訟とは，企業集団における最終完全親会社等のトップ企業の株主が，子会社や孫会社の役員の責任を追及する訴訟を提起できる制度である（同法847条の3）。

　すなわち，企業集団の最終完全親会社等（頂点に位置する会社等）の株主は，6か月以上前から引き続き，最終完全親会社等の議決権または発行済株式総数の100分の1以上を保有するときは，子会社等に対し，特定責任に係る責任追及の訴えを請求することができ，子会社等が請求の日から60日以内に特定責任追及の訴え

重要用語
担保金の提供制度

第1編

重要用語
和解

重要用語
多重代表訴訟

を提起しない場合には，自ら特定責任追及の訴えを提起すること
ができる（同条7項）。

株主代表訴訟を提起するには，公開会社におい
ては6か月前から引き続き株式を有する株主で
ある必要があるが，不正行為時に株主である必
要はない。

5 株主に対する利益供与の禁止

関連過去問題
〈2級〉
🖊 2023年(10月)問4
🖊 2023年(6月)問4
🖊 2022年(10月)問4
🖊 2022年(6月)問3

▶ 1. 利益供与禁止の意義

　会社法は，120条1項で，会社が何人に対しても株主の権利行
使に関し財産上の利益を供与することを禁止している。また，同
条2項は，会社が特定の株主に無償で財産上の利益を供与したと
き，または，特定の株主に対し有償で財産上の利益を供与した場
合でも，会社が受けた利益と会社が供与した利益を比較して，前
者が後者に比して著しく少ないときは，株主の権利行使に関して
利益供与がされたものと推定されると規定している。

📖 **重要用語**

利益供与

　利益供与が禁止されたのは，総会屋の暗躍を防止する点にある。
従来，株式公開企業においては，総会屋が暗躍し，株主総会の議
事や存在が歪められていた。たとえば，一般株主の質問を嫌う経
営陣が総会屋に金品を供与して総会を仕切らせ，速やかに総会を
終了させること（与党的総会屋），または，総会屋が金品の供与を
目的として，会社の弱味に付け込んで，総会において暴力的言辞
に出て議事進行を妨害することによって，利益供与を受けること
（野党的総会屋）などが行われていた。そこで，会社法は，総会屋
を根絶するために利益供与を全面的に厳しく禁止したのである。

前述のように会社は，何人に対しても株主の権利行使に関して財産上の利益を供与してはならない。

利益供与の対象となる相手方は，「何人（なんぴと）」とされていることから解るとおり，株主に限定されていない。株主の親族，株主が経営する会社，友人・知人など誰でもよいのである。

次に，「権利の行使に関し」とは，権利行使（議決権行使など）に影響を与える趣旨でという意味である。

また，「財産上の利益を供与」とは，多くは金銭であろうが，その内容を問わず，あらゆる財産的利益を含む。たとえば，銀行から融資を受けること，債務免除を受けることなども利益となりうる。

▶ 3. 利益供与と民事責任

① 利益供与を受けた者の返還義務

利益供与を受けた者は，これを会社に返還する義務を負う（会社法120条3項前段）。この者に対する返還請求については，代表訴訟によることが認められているから，会社が返還請求を怠っている場合には，株主が代表訴訟を提起することができる（同法847条1項・3項）。

② 取締役の価額弁済義務

取締役は，供与した利益の価額を支払う義務がある。ただし，注意義務を怠らなかったことを証明すれば責任を免れる（会社法120条4項）。しかし，現実に利益を供与した取締役は免れない。

▶ 4. 利益供与と刑事責任

① 利益供与罪・受供与罪

会社役員や従業員が利益供与をした場合には，3年以下の懲役または300万円以下の罰金に処せられる（会社法970条1項）。事情を知って（株主の権利行使に関して会社の計算でなされる供与

であることを認識しながら）利益供与を受けた者も同様であるが（同条2項），情状によって懲役と罰金を併科される（同条5項）。

② 利益供与要求罪

会社に対して利益供与を要求した者は，3年以下の懲役または300万円以下の罰金に処せられ（会社法970条3項），情状によって懲役と罰金を併科される（同条5項）。

③ 威迫を伴う利益受供与罪および利益供与要求罪

利益供与を受けた者または利益供与を要求した者が，その実行について威迫を用いた場合には，5年以下の懲役または500万円以下の罰金に処せられ（会社法970条4項），情状によっては懲役と罰金を併科される（同条5項）。脅迫的手段で供与を得ることは，悪質な犯行態様だから重く処罰されるのである。

利益供与の相手方は「何人に対しても」とされているため，株主に限られず，株主の親族等も該当する。

6 不祥事件・苦情等に対する処置

金融機関やその役職員が起こす不祥事件が多発している。特に，コンプライアンスが至上命題とされている昨今においても，リストラが進んで職員の数が少なくなり，にもかかわらず職員の給与や賞与が減少しているからか，職員が金銭を横領するケースが多いように感じられる。また，顧客から金融機関に寄せられる苦情も増加している。

関連過去問題
〈1級〉
2023年(10月)問2

▶ 1. 不祥事件

不祥事件について，銀行法53条は，内閣総理大臣（金融庁）に対する届出事項を定めているが，同条1項8号は届出事項につき，

「その他内閣府令で定める場合に該当するとき」としており、この規定を受けた銀行法施行規則は、35条1項25号で「銀行、その子会社又は業務の委託先において不祥事件が発生したことを知ったとき」と定めている。

　さらに、銀行法施行規則35条8項は不祥事件について「銀行の業務又は銀行代理業者の銀行代理業の業務を遂行するに際しての詐欺、横領、背任その他の犯罪行為」、「出資の受入れ、預り金及び金利等の取締りに関する法律又は預金等に係る不当契約の取締に関する法律に違反する行為」、「現金、手形、小切手又は有価証券その他有価物の紛失（盗難に遭うこと及び過不足を生じさせることを含む。）のうち、銀行の業務又は銀行代理業者の銀行代理業の業務の特性、規模その他の事情を勘案し、これらの業務の管理上重大な紛失と認められるもの」、「海外で発生した前3号に掲げる行為又はこれに準ずるもので、発生地の監督当局に報告したもの」、「その他銀行の業務又は銀行代理業者の銀行代理業の業務の健全かつ適切な運営に支障を来す行為又はそのおそれがある行為であって前各号に掲げる行為に準ずるもの」と詳しく規定している。

　そして、銀行法施行規則35条9項は届出の期間制限として、不祥事件の発生を銀行が知った日から30日以内に行わなければならないと定めている。したがって、不祥事件と考えられる事実を発見したならば、事実関係を独立した監査部門が調査し、場合によっては弁護士等の意見を徴求したうえで、遅くとも30日以内に届け出る必要がある。これを怠ると、金融庁から処分を受けることになろう。

▶ 2. 苦情・トラブル対応

　金融庁が策定公表している「主要行等向けの総合的な監督指針」および「中小・地域金融機関向けの総合的な監督指針」には、「苦

情への対処」との項目があり，「苦情等対処に関する内部管理態勢の確立」が必要であるとされている。そして，主な着眼点として次の事項が挙げられている。

関連過去問題
〈2級〉
✎ 2023年(10月)問9
✎ 2022年(10月)問9
✎ 2022年(6月)問8
〈1級〉
✎ 2023年(6月)問3
✎ 2022年(10月)問3
✎ 2022年(6月)問1
✎ 2021年(10月)問2
✎ 2021年(6月)問2
✎ 2019年(10月)問2
✎ 2018年(10月)問2

① **経営陣の役割**

取締役（理事）会は，苦情等対処機能に関する全行的な内部管理態勢の確立について，適切に機能を発揮しているか。

② **社内規則等**

ⅰ）社内規則の整備

社内規則等において，苦情に対し迅速・公平かつ適切な対応・処理を可能とするよう，苦情等に係る担当部署，責任・権限及び苦情等の処理手続（事務処理ミス等があった場合の対応を含む。）を定めるとともに，顧客の意見等を業務運営に反映するよう，業務改善に関する手続を定めているか。

ⅱ）社内規則等の周知徹底

研修等を利用して社内規則等を行内に周知・徹底する態勢を整備しているか。

③ **苦情対処の実施態勢**

ⅰ）適切に担当者を配置しているか。

ⅱ）苦情等について，関係部署が連携のうえ，速やかに処理を行う態勢を整備しているか。

ⅲ）苦情等の解決に向けた進捗管理を適切に行い，長期未済案件の発生を防止するとともに，未済案件の速やかな解消を行う態勢を整備しているか。

ⅳ）苦情等の発生状況に応じ，受付窓口における対応の充実を図るとともに，顧客利便に配慮したアクセス時間・アクセス手段を設定する等，広く苦情等を受け付ける態勢を整備しているか。また，これら受付窓口，申出の方式等について広く公開するとともに，顧客の多様性に配慮しつつ分かりやすく周知する態勢を整

備しているか。

　ⅴ）苦情等対処に当たっては，個人情報保護法等に沿った適切
な取扱いを確保するための態勢を整備しているか。

　ⅵ）銀行代理業者を含め，業務の外部委託先が行う委託業務に
関する苦情等について，銀行自身への直接の連絡体制を設けるな
ど，迅速かつ適切に対処するための態勢を整備しているか。

　ⅶ）反社会的勢力による苦情等を装った圧力に対しては，通常
の苦情等と区別し，断固たる対応をとるため関係部署に速やかに
連絡し，必要に応じ警察等関係機関との連携を取った上で，適切
に対処する態勢を整備しているか。

④　顧客への対応

　ⅰ）苦情等への対処について，単に処理の手続の問題と捉える
にとどまらず事後的な説明態勢の問題として位置付け，苦情等の
内容に応じ，顧客から事情を十分にヒアリングしつつ，可能な限
り顧客の理解と納得を得て解決することを目指しているか。

　ⅱ）苦情等を申し出た顧客に対し，申出時から処理後まで，顧
客特性にも配慮しつつ，必要に応じて，苦情等対処の手続の進行
に応じた適切な説明を行う態勢を整備しているか。

　ⅲ）苦情等について自ら対処するだけでなく，適切な外部機関
等を顧客に紹介するとともに，その手続の概要等を説明する態勢
を整備しているか。

　ⅳ）外部機関等において苦情等対処に関する手続が係属してい
る間にあっても，当該手続の他方当事者である顧客に対し，必要
に応じ，適切な対応（一般的な資料の提供や説明など顧客に対し
て通常行う対応等）を行う態勢を整備しているか。

⑤　情報共有・業務改善

　ⅰ）情報共有

苦情等及びその対処結果等が類型化の上で内部管理部門や営業

部門に報告されるとともに，重要案件は速やかに監査部門や経営陣に報告されるなど，事案に応じ必要な関係者間で情報共有が図られる態勢を整備しているか。

ⅱ）記録の作成・保存

苦情等の内容及び結果について，自ら対処したものに加え，外部機関が介在して対処したものを含め，適切かつ正確に記録・保存しているか。また，これらの苦情等の内容及び対処結果について，指定ＡＤＲ機関より提供された情報等も活用しつつ，分析し，その分析結果を継続的に顧客対応・事務処理についての態勢の改善や苦情等の再発防止策・未然防止策に活用する態勢を整備しているか。

ⅲ）内部牽制機能の発揮

苦情等対処機能の実効性確保のため，検査や監査等の内部牽制機能が十分発揮されるよう態勢が整備されているか。

ⅳ）業務改善等

苦情等対処の結果を業務運営に反映させる際，業務改善・再発防止等必要な措置を講じることの判断並びに苦情等対処態勢の在り方についての検討及び継続的な見直しについて，経営陣が指揮する態勢を整備しているか。

⑥　外部機関等との関係

ⅰ）苦情等の迅速な解決を図るべく，外部機関等に対し適切に協力する態勢を整備しているか。

ⅱ）外部機関等に対して，自ら紛争解決手続の申立てを行う際，自らの手続を十分に尽くさずに安易に申立てを行うのではなく，顧客からの苦情等の申出に対し，十分な対応を行い，かつ申立ての必要性につき行内で適切な検討を経る態勢を整備しているか。

📖重要用語

内部通報制度

▶ 3. 内部通報制度

銀行等の金融機関では，内部通報制度を設置しているところが

増加している。この制度は，「ヘルプライン」や「ホットライン」という名称で呼ばれる告発電話であることが多く，各部店における不祥事件が職員からの内部告発によって判明することが多い。法的には，公益通報者保護法が平成18年4月から施行されており，通報したことを理由に通報者が会社から不利益な扱いを受けないことが規定されている。

① 公益通報者保護法の概要

ⅰ）目　的

公益通報者の保護を図るとともに，国民の生命，身体，財産その他の利益の保護にかかわる法令の規定の遵守を図り，もって国民生活の安定および社会経済の健全な発展に資することを目的とする法律である。

ⅱ）公益通報とは

ア）労働者が，

イ）不正の目的でなく，

ウ）労務提供先等について，

エ）「通報対象事実」が，

オ）生じまたは生じようとする旨を，

カ）「通報先」に通報すること

ⅲ）通報対象事実とは

ア）国民の生命，身体，財産その他の利益の保護にかかわる法律として別表に掲げるものに規定する罪の犯罪行為の事実

イ）別表に掲げる法律の規定に基づく処分に違反することがアの事実となる場合における当該処分の理由とされている事実等

※別表：刑法，食品衛生法，金融商品取引法，JAS法，大気汚染防止法，廃棄物処理法，個人情報保護法，その他政令

関連過去問題

〈2級〉
🖊 2023年(10月)問3
🖊 2023年(6月)問3
🖊 2022年(10月)問3
〈1級〉
🖊 2022年(10月)問2
🖊 2019年(10月)問1
🖊 2018年(10月)問1

重要用語
公益通報者保護法

第1編

で定める法律（独禁法等）

　　iv）通報先と保護要件

　　　ア）事業者内部（内部通報）

　　　　通報対象事実が生じ，または生じようとしていると思料
　　　する場合

　　　イ）通報対象事実について処分または勧告等をする権限を有
　　　する行政機関

　　　　通報対象事実が生じ，または生じようとしていると信ず
　　　るに足りる相当の理由がある場合（＊）

　　　ウ）事業者外部

　　　　上記＊および一定の要件（内部通報では証拠隠滅のおそ
　　　れのあること，内部通報後20日以内に調査を行う旨の通知
　　　がないこと，人の生命，身体への危害が発生する急迫した
　　　危険があること等）を満たす場合

　　v）公益通報者の保護

　上記保護要件を満たして「公益通報」した労働者（公益通報者）
は，以下の保護を受ける。

　　　ア）公益通報をしたことを理由とする解雇の無効・その他不
　　　利益な取扱いの禁止

　　　イ）（公益通報者が派遣労働者である場合）公益通報をしたこ
　　　とを理由とする労働者派遣契約の解除の無効・その他不利
　　　益な取扱いの禁止

　　vi）公益通報者・事業者・行政機関の義務

　　　ア）公益通報者が他人の正当な利益等を害さないようにする
　　　努力義務

　　　イ）公益通報に対して行政機関が必要な調査および適当な措
　　　置をとる義務

　　　ウ）誤って通報を受けた行政機関が処分等の権限を有する行

政機関を教示する義務

② **公益通報者保護法の改正**

ⅰ）総説

公益通報者保護法の一部を改正する法律（令和2年法律51号。
以下，本項において「改正法」という）が令和2年6月12日に公
布され，令和4年6月1日から施行された。

改正法は，「事業者自ら不正を是正しやすくするとともに，安心
して通報を行いやすくすること」，「行政機関等への通報を行いや
すくすること」，「通報者がより保護されやすくすること」を目的
として，以下の事項を改正している。

ⅱ）改正点

ア）事業者等の義務

・改正法は，常時使用する労働者の数が300人を超える事業
　者に内部通報を適切に対応するために必要な体制の整備等
　を義務付けている（同法11条）。具体的な義務の詳細につ
　いては，後記「公益通報者保護法11条1項及び2項の規定
　に基づき事業者がとるべき措置に関して，その適切かつ有
　効な実施を図るために必要な指針」（以下，本項において
　「指針」という）に規定されている。

・内部調査等に従事する者に対し，通報者を特定させる情報
　について守秘義務を課しており（同法12条），守秘義務に
　違反した者は30万円以下の罰金に処せられる（同法21条）。

イ）行政機関等に対する通報条件の緩和

・事業者に対して権限を有する行政機関に対する通報は，改
　正前には「信じるに足りる相当の理由がある場合」に限ら
　れていたところ，改正法によって，「氏名等を記載した書
　面を提出する場合」にも通報が可能となった（改正法3条
　2号）。また，報道機関に対する通報については，改正前

は「生命・身体に対する危害」が条件とされていたところ，これに加えて「財産に対する損害（回復困難または重大なもの）」と「通報者が特定される情報が洩れる可能性が高い場合」が追加された（同法3条3項）。

ウ）通報者の保護範囲等の拡大

・改正前には，保護される通報者の範囲が現役の労働者だけだったところ，退職後1年以内の退職者と役員が追加された（改正法2条1項）。

・保護される通報の範囲も刑事罰だけでなく，行政罰が追加された（同法2条3項）。

・保護の内容として，事業者は公益通報者に対し，通報に伴う損害賠償を請求できないこととされた（同法7条）。

③　指針の概要

指針は，主に公益通報者保護に関する事業者の体制整備に関するものであって，次のような定めを設けている。

ⅰ）公益通報対応業務従事者（改正法11条1項関係）

事業者は，内部公益通報受付窓口において受け付ける内部公益通報に関して公益通報対応業務を行う者であり，かつ，当該業務に関して公益通報者を特定させる事項を伝達される者を従事者として定めなければならず，従事者を定める際には，書面により指定するなど，従事者の地位に就くことが従事者となる者自身に明らかとなる方法により定めなければならない。

ⅱ）内部公益通報対応体制の整備その他の必要な措置（改正法11条2項関係）

ア）事業者は，部門横断的な公益通報対応業務を行う体制の整備として次の措置をとらなければならない。

・内部公益通報受付窓口の設置等

・組織の長その他幹部からの独立性の確保に関する措置

・公益通報対応業務の実施に関する措置

・公益通報対応業務における利益相反の排除に関する措置

イ）事業者は，公益通報者を保護する体制の整備として，次
　の措置をとらなければならない。

・不利益な取扱いの防止に関する措置

・範囲外共有等の防止に関する措置

ウ）事業者は，内部公益通報対応体制を実効的に機能させる
　ための措置として，次の措置をとらなければならない。

・労働者等および役員ならびに退職者に対する教育・周知に
　関する措置

・是正措置等の通知に関する措置

・記録の保管，見直し・改善，運用実績の労働者等および役
　員への開示に関する措置

・内部規程の策定および運用に関する措置

公益通報者保護法は，公益通報をしたことを理
由とする公益通報者の解雇の無効や，不利益取
扱いの禁止，公益通報を受けた事業者や行政機
関がとるべき措置等を定めた法律である。

7 反社会的勢力との関係遮断

▶ 1. 反社会的勢力とは

　反社会的勢力の暗躍が社会的問題となっている。暴力団を頂点
とする不正行為を生業とする輩が振り込め詐欺等の犯罪などによ
り多額の不正利益を国民から吸い上げているのである。そこで，
平成19年6月に政府の犯罪対策閣僚会議の幹事会申合せとして
「企業が反社会的勢力による被害を防止するための指針」（以下「政

重要用語
反社会的勢力

関連過去問題
〈2級〉
✎ 2023年(10月)問10
✎ 2023年(6月)問10
✎ 2022年(10月)問10
✎ 2022年(6月)問10

府指針」という）が策定された。

　政府指針では，反社会的勢力とは，「暴力，威力と詐欺的手法を駆使して経済的利益を追求する集団又は個人」と定義付けられ，さらに続けて，「反社会的勢力をとらえるに際しては，暴力団，暴力団関係企業，総会屋，社会運動標ぼうゴロ，政治活動標ぼうゴロ，特殊知能暴力集団等といった属性要件に着目するとともに，暴力的な要求行為，法的な責任を超えた不当な要求といった行為要件にも着目することが重要である」とされている。

　反社会的勢力の定義については解りやすいもので問題はないであろう。「違法」，「不当」，「不正」等の言葉がないが，「暴力，威力と詐欺的手法」という言葉があるから「違法性」があることは明白である。

　問題となるのは，後段の「属性要件」だけはなく「行為要件」が反社会的勢力の定義に出ていることであろうか。「属性」は，その個人や集団が有している性質であり，たとえば，有名な総会屋が企業に金銭の要求を行えば，要求行為自体が脅迫的な言辞を伴わず，刑法犯に該当しない場合でも，反社会的勢力としての行為と評価されよう。他方，「行為」は，その個人や集団の有する性質を捨象して，行為それ自体から反社会的勢力であるかを定義するものだから，その行為が犯罪行為に近いものでなければならないといえるのではなかろうか。たとえば，「えせ同和」ではない正当な同和団体が企業に差別的待遇の是正を要求する場合において，刑法の暴行罪が成立するような暴力的な要求行為がされたとすれば，その行為を捉えて反社会的勢力とみなすということになるのであろうか。ただし，行為要件による反社会的勢力の見極めは困難が伴うから，個別具体的な案件で判断するほかないであろう。

　このような反社会的勢力と各企業が関係遮断を断行することは当然のことだが，特に金融機関について関係遮断が強く求められ

関連過去問題
〈1級〉
2022年(10月)問4
2022年(6月)問2
2021年(6月)問3
2020年(10月)問2
2019年(10月)問3
2019年(6月)問2
2018年(10月)問3

重要用語
属性要件

重要用語
行為要件

るのはなぜか。それは言うまでもなく，金融機関が負っている公共的使命と社会的責任からすれば，反社会的勢力との関係が遮断できない金融機関などは退場すべきと考えられるからであろう。

　そこまで深刻に考えないとしても，反社会的勢力との関係遮断ができないとすれば，当該金融機関の存亡にかかわるほどの大きな弊害が生ずることとなろう。

▶ 2. 反社会的勢力の弊害

① 刑事責任の発生

　反社会的勢力と関係を持つことは，反社会的勢力への不正な利益供与を意味する。反社会的勢力は，金銭等の不法な利益を目的として金融機関との関係を迫るからである。金融機関が反社会的勢力へ利益を供与すれば，必ず犯罪が成立すると考えられる。平成9年に判明した都市銀行の特殊株主に対する不正融資事件では，特殊株主に対する利益供与だったので，会社法（旧商法）で刑罰をもって禁止されている利益供与罪（会社法970条1項）が成立することとなり，銀行の役職員が逮捕・勾留され，起訴されたうえ，刑事被告人となって刑事裁判で有罪判決を受けている。

　たとえ，相手が特殊株主ではないとしても，犯罪が成立しないわけではない。反社会的勢力に対する利益供与は，銀行であれば会社法上の特別背任罪（同法960条1項），協同組織的金融機関であれば背任罪（刑法247条）が適用されるからである。

② 民事責任の発生

　反社会的勢力に対する不正な利益供与は，金融機関の役職員の損害賠償責任の発生原因となる。特に，役員については，金融機関に対して善管注意義務を負っており，経営全般について責任を負担しているのであって，内部統制システムの一環として反社会的勢力との関係遮断が義務付けられているから，反社会的勢力への利益供与等は，善管注意義務違反と評価され，損害賠償責任が

発生することになるであろう。そして，銀行が役員を庇って責任を追及しなければ，株主から代表訴訟の洗礼を受けることになるであろう。

③　信用毀損リスク

金融機関が反社会的勢力との関係を遮断できず，その関係が白日の下へ晒されるならば，当該金融機関の信用は失墜する。不正な利益供与額が大きければ，規模の小さな金融機関では経営破綻すら考えられる。また，反社会的勢力との関係が明らかとなれば，金融庁から行政処分を受けることは必至である。いずれにしても金融機関の経営に大きな悪影響をもたらすこととなる。

④　経済的な損失の発生

反社会的勢力との関係は，金融機関に経済的な損失を発生させる。たとえば，融資によって利益供与を行うとしよう。当然だが，不正な利益を供与するのであり，反社会的勢力が融資金を返済することはないであろう。そうすると，それが銀行にとって損失となる。融資ではない単純な特殊株主に対する利益供与は，表に出せない取引だから，すべて経済的な損失につながる。

⑤　役職員の生命・身体に対する危険の発生

反社会的勢力が得意とするものは暴力である。いうまでもなく，暴力は人の生命・身体にとって大きな危険になる。先の都市銀行の事件では，生命や身体に危害が及ばなかったが，この事件を読み解くと最終的に銀行の経営陣は，右翼の大物の影に怯えていたようであり，その「呪縛」から抜けることができなかったようである。

また，平成４年から同７年までの間に銀行等の金融機関に対する暴力事件が６件あり，うち２件では銀行役員が２名殺害されているにもかかわらず，犯人が検挙されていない。もちろん，これらの金融機関がどのような理由で攻撃を受けたのかは不明だが，

反社会的勢力との間で何らかのトラブルを抱えていたことは明白である。そして，反社会的勢力からの攻撃は，彼らの金融機関に対するメッセージなのであろう。これによって，金融機関が怖れを抱き，反社会的勢力との関係遮断に困難を来すならば由々しき事実であると指摘できよう。

▶ 3. 反社会的勢力との訣別の必要性

上記のように反社会的勢力との関係を遮断できないとすれば，大きな弊害が生じる。そこで，金融機関にとって反社会的勢力との関係遮断が重要課題となるが，関係を遮断することは，以下の諸点からも理由を付けることができる。

① コンプライアンスとの関係

わが国で活動をする以上，法令等を遵守すべきことは当然であるが，バブル経済崩壊の余波を受け，金融機関がその社会的使命と公共的責任を十分に果たしているとは言い切れない状況になった。そこで，当時の金融監督庁は，金融検査マニュアルに基づく厳格な金融検査を実施することにした。旧検査マニュアルでは，法令等遵守こそが金融機関経営の第一の柱とされたのである。

金融機関は，お客さまの命の次に大切なお金を預かり，与信を行うことによって信用創造という経済的に極めて重要な使命を担っている。金銭を血液に例えるならば，金融機関は心臓にあたる。このような金融機関の社会的責任と公共的使命に鑑みれば，その存在自体が禍を招く反社会的勢力との関係を遮断することこそが，コンプライアンスに合致するといわなければならない。反社会的勢力との関係を持ちながら，コンプライアンス態勢を整備しているとはいえない。したがって，反社会的勢力との関係遮断は，正しくコンプライアンスそのものといえる。

② 経営管理および内部統制システムとの関係

金融機関には，経営管理（ガバナンス）が求められている。こ

の言葉は，平成19年2月に全面的に改訂された金融庁の「金融検査マニュアル」の大きな柱となっていた。大検査項目の一つとされていたからである。

　金融検査マニュアルでは，反社会的勢力との関係遮断は，法令等遵守項目に記述があるが，経営管理と無関係ではない。その理由は，従来わが国で問題となった反社会的勢力と金融機関との癒着が企業の極めて高い職階，すなわち役員レベルに及んでいるからである。当然だが，金融機関の役員が断固たる決意で臨まなければ，反社会的勢力との関係遮断を実現することはできない。その意味で反社会的勢力との関係遮断は経営管理の問題と解されるのである。

　また，金融庁が公表している「監督指針」が平成26年6月に改正され，反社会的勢力との関係遮断について詳しく記述されているが，そこでは，銀行においては，会社法上の内部統制システムの一環として位置付けるものとされている。銀行はすべて大会社（資本金5億円以上）であるから，取締役会が内部統制システムを整備する法的義務を負っている（会社法362条4項6号）が，この内部統制システムの内容を形成するものとして，反社会的勢力との関係遮断を位置付ける必要がある。

　このように内部統制システムの一環として位置付けられることによって，次のような言い訳ができなくなる。たとえば，反社会的勢力との関係を指摘された取締役が「あの事件に私は関与していない。あれは総務部別室という組織が勝手に行った犯罪に過ぎない」というような空々しい言い訳をしたとしても，反社会的勢力との関係遮断が内部統制システムの一環として取締役会における決定事項なのだから，「知らぬ存ぜぬ」または「組織ぐるみではなく個人ぐるみ」などという言い訳が通用しないことになる。

　なお，反社会的勢力との関係遮断は，取締役会における決定事

項となるから，経営管理の十分性という観点にも合致するものと
解される。

③　リスク管理との関係

　反社会的勢力との関係遮断は，リスク管理という観点からも整
理できる。すなわち，反社会的勢力との関係遮断ができず，関係
を持っているとすれば，前記のような大きな弊害があるから，最
大のリスクを抱えていることとなる。したがって，反社会的勢力
との関係遮断を断固たる決意で行うことが究極のリスク管理とも
考えられる。

　また，たとえば，反社会的勢力が金融機関に対して，不正な利
益を得るために苦情等を寄せている場合，当然何らかの回答をし
なければならないであろうが，この対応を一歩誤ると大きなリス
クに呑み込まれるおそれがある。正しく反社会的勢力への対応は，
「今，ここにある危機」といえる。したがって，反社会的勢力への
対応等がリスク管理の柱に位置付けることができる。

▶ 4. 政府指針の概要と対応

　政府指針には，基本原則と具体的な対応方法が明示されている。
対応方法で重要な事項は，次のとおりである。

> ①　反社会的勢力と知らずに契約関係に入った場合でも，反
> 　社会的勢力との疑いが生じた時点で速やかに関係を解消す
> 　ること。
> ②　契約書等に反社会的勢力排除条項を導入すること。
> ③　反社会的勢力の情報を集約したデータベースを構築する
> 　こと。
> ④　銀行のように「内部統制システムの整備」を取締役会に
> 　おいて決定しなければならない会社では，反社会的勢力に
> 　よる被害の防止を内部統制システムに明確に位置付ける必

要があること。

②については，たとえば，取引約定等に「当社が貴行において定める反社会的勢力に該当する場合には，貴行から当社とのすべての取引を解約され，期限の利益を喪失しても異議はありません」というような条項を付加することになろうか。なお，全国銀行協会も銀行取引約定書にいわゆる暴力団排除条項を盛り込むことを前提に参考例を公表している。

③については，本指針に関する解説に「(10) 警察からの暴力団情報の提供」があり，暴力団情報については警察からの取得が可能であるとされている。また，個人情報保護法との整合性についても解説されており参考になる。

なお，一般社団法人全国銀行協会は，平成30年1月4日から，新規の個人向け融資取引について，当該個人を対象として，預金保険機構を通して警察庁の暴力団情報との接続を開始している。この情報提供制度によって銀行等の金融機関は，融資取引に際して事前に暴力団関係者の排除が可能となっている。

④については，内部統制システムに反社会的勢力との関係遮断を付加して決議するべきである。そのうえで，反社会的勢力に関する規程等を策定し，具体的な対応方法を明確にすべきである。

反社会的勢力から不当要求がなされた場合，担当者・担当部署だけに任せることなく，経営陣が適切に関与し組織として対応する態勢を整備しなければならない。

第2編

金融取引と
コンプライアンス

1 ｜ 銀行法関連

1 銀行の目的と業務

　現代社会における金融機関の役割は重要である。特に，銀行等の預金を受け入れることのできる金融機関の役割と責任は非常に重い。これらの金融機関は，広く公衆から預金を集め，資金需要者である個人や法人に金銭を貸し付けて信用創造機能を果たしているからである。

　経済の血液である金銭の媒介と配分作用の中心に存在するのが銀行なのである。したがって，銀行は社会経済的に公共的使命を担っているのである。

重要用語
公共的使命

　銀行が社会経済的に重要な機能を有しているために，国は銀行の設立から廃業までを定めた銀行法を制定し，銀行のあり方を規律している。銀行と同視できる信用金庫などについても同様である。

▶ 1. 銀行の目的

　銀行法によれば，銀行とは「内閣総理大臣の免許を受けて銀行業を営む者」（2条1項）であり，「銀行業」とは，「預金又は定期積金の受入れと資金の貸付け又は手形の割引とを併せ行うこと」，「為替取引を行うこと」のいずれかを行う営業であるとされている（2条2項）。

▶ 2. 銀行の業務

　銀行法は，銀行の公共的使命を考慮し，銀行が行うことのできる業務を定めている。銀行法10条に列挙されている業務がそれである。以下では，銀行法が定める業務について説明する。

銀行法が定める業務	解説
預金又は定期積金等の受入れ（10条１項１号）	預金とは，預金者が銀行に対して金銭を預け入れ，銀行がこれを承諾して保管することを約し，これを利用することができるものであり，法的には消費寄託契約とされるものである。また，定期積金とは，積金者が一定の金銭を定期に，かつ，継続的に銀行に払い込むことによって，銀行が満期日に一定の金額を積金者に交付するものをいう。金融機関以外の者が預金を受け入れることは預金者の保護の点から問題があるので，「出資の受入れ，預り金及び金利等の取締りに関する法律」は，金融機関以外の者が行うことを禁止している。
資金の貸付け又は手形の割引（10条１項２号）	資金の貸付けと手形割引は，資金需要者に資金を供給する与信業務のうち最も重要な業務である。
為替取引（10条１項３号）	為替取引は，隔地者間の債権・債務等を現金によらず金融機関を通して決済する制度であり，特に外国為替業務については，「外国為替及び外国貿易法」の規制を受ける。
債務の保証又は手形の引受け（10条２項１号）	これは，いわゆる支払承諾を定めたものである。貸付業務と同様与信業務である。
有価証券の売買（有価証券関連デリバティブ取引に該当するものを除く）又は有価証券関連デリバティブ取引（投資の目的をもってするもの又は書面取次ぎ行為に限る）」（10条２項２号）	これらの業務は，金融商品取引法（以下「金商法」という）33条１項ただし書および同条２項に対応するものである。すなわち，同法33条１項は，原則として銀行等が有価証券関連業務等を行うことを禁じているが，同項ただし書および同条２項では，上記原則の例外を定めているのである。
有価証券の貸付け（10条２項３号）	有価証券の貸付けとは，銀行が保有する有価証券を取引先の依頼に応じて，取引先に利用させることである。
国債，地方債若しくは政府保証債の引受け又は当該引受けに係る国債等の募集の取扱い（10条２項４号）	この業務は，国債引受シンジケート団がしている行為を規定したものである。これは売出目的のない残額引受で，公共債の発行予定額の満額消化を目的とする業務である。具体的には，銀行窓口で不特定多数の顧客を相手に国債等を販売することである。

金銭債権の取得又は譲渡（10条2項5号）	この業務の代表的なものは，ファクタリング（債権の買取業務）であるが，その他にも譲渡性預金証書やコマーシャルペーパー等の証書をもって表示される債権の取得や譲渡を含む。
特定目的会社が発行する特定社債その他これに準ずる有価証券として内閣府令で定めるものの引受け又は当該引受けに係る特定社債等の募集の取扱い（10条2項5号の2）	この業務は，資産流動化計画に従って特定目的会社（SPC）が発行する特定社債の引受け等が認められたものである。
短期社債等の取得又は譲渡（10条2項5号の3）	「社債，株式等の振替に関する法律」等に規定する，償還期間1年未満，各社債の金額1億円以上の要件を満たす短期社債等の取扱いが認められている（銀行法10条3項）。
有価証券の私募の取扱い（10条2項6号）	「私募」とは，特定または少数（50人未満）の投資家に有価証券を募ることである。そして，わが国で発行される私募債（有価証券）は，縁故地方債，公社・公団の私募債などがあるが，銀行がこれらの私募債の勧誘，募集および売出しを行うのである。
地方債又は社債その他の債券の募集又は管理の受託（10条2項7号）	地方債や社債とは，地方自治体や会社が広く公衆から金銭を借り入れて資金を調達する方法であり，法的には金銭消費貸借契約である。本来，個別の会社等が個人から金銭を借り入れるべきだが，公衆を対象とすることから集団的な管理が必要となり，銀行が募集や管理業務を行うのである。
銀行その他金融業を行う者（外国銀行を除く）の業務の代理又は媒介（10条2項8号）	銀行の行う代理業務である。具体的には，公庫の代理貸付けなどである。
外国銀行の業務の代理又は媒介（10条2項8号の2）	平成20年の銀行法改正によって，外国銀行代理業務が新設されている。
国，地方公共団体，会社等の金銭の収納その他金銭に係る事務の取扱い（10条2項9号）	この業務は，地方公共団体等の指定金融機関としての業務が代表的である。
有価証券，貴金属その他物品の保護預り（10条2項10号）	「保護預り」とは，有価証券などの貴重品の保管を有償で行うことであり，一般的に行われているのが貸金庫業務である。

振替業（10条2項10号の2）	「証券決済制度等の改革による証券市場の整備のための関係法律の整備等に関する法律」に基づいて，社債等の振替制度が整備され，銀行も付随業務として振替が認められることになった。
両替（10条2項11号）	「両替」とは，通貨を交換することをいう。この業務は，銀行の起源ともいえる形態である。
デリバティブ取引（有価証券関連デリバティブ取引に該当するものを除く）であって内閣府令で定めるもの（10条2項12号）	デリバティブ取引とは，金融派生商品とも呼ばれる取引であり，金商法によれば，「市場デリバティブ取引」，「店頭デリバティブ取引」，「外国市場デリバティブ取引」があり（同法2条20項），「市場デリバティブ取引」とは，金融商品市場においてこれを開設する者の基準および方法に従い行う取引であって，「先物取引」，「先渡取引」，「オプション取引」，「スワップ取引」，「クレジット・デリバティブ取引」などがある（同条21項）。なお，「店頭デリバティブ取引」とは，金融商品市場および外国金融商品市場によらないで行われるデリバティブ取引であり（同条22項），「外国市場デリバティブ取引」とは，外国金融商品市場において行う市場デリバティブ取引と類似の取引である（同条23項）。
デリバティブ取引（内閣府令で定めるものに限る）の媒介，取次ぎ又は代理（10条2項13号）	上記で説明したデリバティブ取引（有価証券関連デリバティブ取引を除く）の媒介等が銀行の付随業務とされている。
金融等デリバティブ取引（10条2項14号）	金融等デリバティブ取引とは，「金利，通貨の価格，商品の価格，算定割当量（地球温暖化対策の推進に関する法律第2条第6項（定義）に規定する算定割当量その他これに類似するものをいう）の価格その他の指標を数値としてあらかじめ当事者間で約定された数値と将来の一定の時期における現実の当該指標の数値の差に基づいて算出される金銭の授受を約する取引又はこれに類似する取引であって内閣府令で定めるもの」である。
金融等デリバティブ取引の媒介，取次ぎ又は代理（10条2項15号）	上記金融等デリバティブ取引の媒介などが銀行の付随業務とされている。

第2編

有価証券関連店頭デリバティブ取引（10条2項16号）	10条2項2号において規定された有価証券関連デリバティブ取引を除く有価証券関連店頭デリバティブ取引が付随業務とされている。
有価証券関連店頭デリバティブ取引の媒介，取次ぎ又は代理（10条2項17号）	上記有価証券関連店頭デリバティブ取引の媒介などが銀行の付随業務とされている。
機械類その他の物件を使用させる契約であって次に掲げる要件の全てを満たすものに基づき，当該物件を使用させる業務（10条2項18号）	ⓐ 契約の対象とする物件（以下「リース物件」という）を使用させる期間（以下「使用期間」という）の中途において契約の解除をすることができないものであること又はこれに準ずるものとして内閣府令で定めるものであること ⓑ 使用期間において，リース物件の取得価額から当該リース物件の使用期間の満了の時において譲渡するとした場合に見込まれるその譲渡対価の額に相当する金額を控除した額及び固定資産税に相当する額，保険料その他当該リース物件を使用させるために必要となる付随費用として内閣府令で定める費用の合計額を対価として受領することを内容とするものであること ⓒ 使用期間が満了した後，リース物件の所有権又はリース物件の使用及び収益を目的とする権利が相手方に移転する旨の定めがないこと
前号に掲げる業務の代理又は媒介（10条2項19号）	前号に定めるファイナンス・リースの媒介などが銀行の付随業務とされている。
顧客から取得した当該顧客に関する情報を当該顧客の同意を得て第三者に提供する業務その他当該銀行の保有する情報を第三者に提供する業務であって，当該銀行の営む銀行業の高度化又は当該銀行の利用者の利便の向上に資するもの（10条2項20号）	令和元年の銀行法改正によって，銀行の付随業務に「データ利活用業務」が追加された。この改正によって，銀行が取引先企業の経営改善に資するために取引先に対して第三者の情報を提供することが可能となった。

当該銀行の保有する人材，情報通信技術，設備その他の当該銀行の営む銀行業に係る経営資源を主として活用して営む業務であって，地域の活性化，産業の生産性の向上その他の持続可能な社会の構築に資する業務として内閣府令で定めるもの（10条2項21号）	令和3年の銀行法改正によって，銀行法施行規則13条の2の5第1号ないし第5号に，①コンサルティングやビジネスマッチング等の経営相談等業務，②登録人材派遣業務，③自行用に開発したアプリやITシステムの販売業務，④広告，宣伝，調査，情報の分析または情報の提供業務，⑤いわゆる高齢者等に対する見守り業務が付随業務として追加されている。

▶ 3. 法第10条第2項の取扱い

① 地域活性化等業務における留意点等

令和3年の銀行法改正によって，銀行法10条2項21号が追加されたことから，銀行法施行規則13条の2の5にコンサルティング業務等が新設された。この改正によって，金融庁所定の「中小・地域金融機関向けの総合的な監督指針」（以下「監督指針」という）も改正されている。

すなわち，監督指針Ⅲ－4－2－1に「地域活性化等業務における留意点等」が追加されており，特に施行規則13条の2の5第2号の業務（登録人材派遣業務）については，取引上の優越的地位を不当に利用することがないよう留意することとされている。

② コンサルティング業務等に関する規制

監督指針によれば，「銀行が，取引先企業に対して行う人材紹介業務，オペレーティングリース（不動産を対象とするものを除く。）の媒介業務，M＆Aに関する業務，事務受託業務については，取引先企業に対する経営相談・支援機能の観点から，固有業務と切り離してこれらの業務を行う場合も「その他の付随業務」に該当する」とされている。

ただし，監督指針は，顧客保護や法令等遵守の観点から，以下の点について態勢整備が図られている必要があることを留意すべ

きであるとしているから，上記業務を行う金融機関においては，以下の諸点に留意した態勢が整備されているかが問われる。

ⅰ）優越的地位の濫用として独占禁止法上問題となる行為の発生防止等法令等の厳正な遵守に向けた態勢整備が行われているか。

ⅱ）コンサルティング業務等により提供される商品やサービスの内容，対価等契約内容が書面等により明示されているか。

ⅲ）付随業務に関連した顧客の情報管理について，目的外使用も含め具体的な取扱基準が定められ，それらの行員等に対する周知徹底について検証態勢が整備されているか。

これら留意点について説明すると，金融機関と顧客との力関係から優越的地位の濫用による業務の押付けが行われないようにし，そのため，契約内容を書面等において明示し，さらに，顧客情報管理につき，取扱基準の制定のみならず，職員への周知徹底に関する検証態勢を整備せよというものである。

③　その他の業務

さらに，監督指針は，上記業務以外の業務が「その他付随業務」の範疇にあるかどうかの判断にあたっては，銀行法12条において他業が禁止されていることに十分留意し，以下のような観点を考慮した取扱いになっているかと規定している。そして，具体的な取扱基準として，以下の4点をあげている。

> ⅰ）当該業務が銀行法10条1項各号および2項各号に掲げる業務に準ずるか。
>
> ⅱ）当該業務の規模が，その業務が付随する固有業務の規模に比して過大なものとなっていないか。
>
> ⅲ）当該業務について，銀行業務との機能的な親近性やリスクの同質性が認められるか。
>
> ⅳ）銀行が固有業務を遂行する中で正当に生じた余剰能力の

活用に資するか。

すなわち，銀行が②の業務以外の業務を行うについては，ⅰ）銀行の業務に準ずる業務であって，ⅱ）業務の規模が固有業務よりも過大であってはならず，ⅲ）銀行業務との機能的な親近性やリスクの同質性が認められるべきであり，ⅳ）余剰能力の活用に資するものでなければならないのである。

④ 営業用不動産の賃貸等の業務

さらに，監督指針は，銀行の営業用不動産を賃貸等によって活用することの要件が充足されていることを銀行自ら十分挙証できるような態勢整備を図る必要があるとしている。そして，その要件として，以下の4点をあげている。

> ⅰ）行内的に業務としての積極的な推進態勢がとられていないこと。
> ⅱ）全行的な規模での実施や特定の管理業者との間における組織的な実施が行われていないこと。
> ⅲ）当該不動産に対する経費支出が必要最低限の改装や修繕程度にとどまること。ただし，公的な再開発事業や地方自治体等からの要請に伴う建替え及び新設等の場合においては，必要最低限の経費支出にとどまっていること。
> ⅳ）賃貸等の規模（賃料収入，経費支出及び賃貸面積等）が，当該不動産を利用して行われる固有業務の規模に比較して過大なものとなっていないこと。

銀行には，不動産関連業務が認められていないが，昨今の経済状況によるリストラから，銀行所有の不動産を有効活用する必要もあり，本来，自己所有不動産の賃貸等は自由のはずである。そこで，監督指針は，特に不動産賃貸等の活用方法における留意点

を示したのである。なお，上記監督指針に定められている「銀行自らが十分挙証できるよう態勢整備を図る」というのは，難しい表現であるが，端的に述べれば，金融検査等において4要件を証明できるようにせよという意味であろう。

銀行法が定める業務について，確認しておこう。

2 大口信用供与規制

▶ 1. 大口信用供与規制の意義

　銀行法13条は，同一人（ないし同一人のグループ）に対する信用の供与等を制限している。この規制の趣旨は，銀行の資産運用における安全性を確保し，もって銀行経営の健全性を図るためのものである。

▶ 2. 規制対象

　① 　与信側の人的範囲（銀行法施行規則14条の4，銀行法施行令4条1項〜3項）

重要用語

大口信用供与規制

　大口信用供与規制の対象であるが，まず与信側につき，銀行単体の場合だけでなく，銀行グループの連結対象会社等（子会社，子法人，合算関連法人等）を含む。

　② 　受信側の人的範囲（銀行法施行令4条1項〜3項）

　次に受信側であるが，以下の者が対象となる。

▶ 3. 規制される信用供与の範囲と信用限度額

　規制される信用供与の範囲は，銀行法施行規則14条以下に規定されており，銀行単体ベースと連結ベースに分かれる。また，信用限度額の比率については，銀行法施行令4条6項および8項において，受信側が単体であってもグループ全体であっても自己資

受信側	対象となる者
同一人自身が会社の場合	⑦当該同一人自身の合算子法人等 ④当該同一人自身を合算子法人等とする法人等および当該法人等に準ずる者として内閣府令で定める者 ⑦イに掲げる者の合算子法人等 ①当該同一人自身またはアからウまでに掲げる者の合算関連法人等 ②会社以外の者であって，当該同一人自身の総株主等の議決権の100分の50を超える議決権を保有するもの ⑩会社以外の者であって，イに掲げる者の総株主等の議決権の100分の50を超える議決権を保有するもの ④オまたはカに掲げる者がその総株主等の議決権の100分の50を超える議決権を保有する法人等 ⑦キに掲げる者の合算子法人等および合算関連法人等 ⑦その他
同一人自身が会社以外の者である場合	⑦同一人自身の支配会社 ④同一人自身とその支配会社が合算で支配会社としている会社，同一人自身の支配会社が単独または合算で支配している会社

本額の25%とされている。

▶ 4. 適用除外

大口信用供与規制にも例外がある（銀行法13条1項ただし書）。
これらの場合には，いずれも内閣総理大臣の承認を受ける必要が
ある。

> ⅰ）信用の供与を受けている者が合併したことにより，銀行
> の同一人に対する信用供与限度額を超える場合
> ⅱ）信用の供与を受けている者が営業を譲り受けたことによ
> り，銀行の同一人に対する信用供与限度額を超える場合
> ⅲ）その他政令に定めるやむをえない理由がある場合（銀行
> 法施行令4条7項)

▶ 5. 迂回融資

大口信用供与規制を免れる目的で迂回融資がされることがある。迂回融資とは，真実の債務者に直接融資できない事情がある場合に行われる融資方法である。

なお，大口信用供与規制以外の制約を免れる目的で迂回融資が利用されることもある。たとえば，総会屋に対する利益供与目的で，銀行の関連会社から総会屋の関連会社に融資がされるような事案である。迂回融資が大口信用規制に違反するのであれば，当該銀行が銀行法によって行政処分の対象とされるが，大口信用供与規制に違反していない場合であっても，銀行に損害が生ずれば，迂回融資をした銀行の役職員に特別背任罪等が成立する可能性があることに注意すべきである。いずれにしても迂回融資をしなければならないような取引先には，融資をしてはならないのである。

大口信用供与規制の範囲は，受信側が単体であっても，グループ全体であっても金融機関の自己資本額の25%とされている。

3 特定関係者との取引（アームズ・レングス・ルール）

▶ 1. アームズ・レングス・ルールの意義

アームズ・レングス・ルールとは，銀行と特定の関係のある会社等との取引ないし行為に関する規制である。一般に独立した当事者間の取引を行うことであるといわれる。規制の内容は以下で述べるが，銀行が子会社など特定の関係のある先と取引する場合，取引先に甘く銀行に厳しい条件で取引することを規制し，通常の取引条件と同様にすべきというのである。公共的使命をもつ銀行が特殊の関係にあるという理由で甘い条件で取引することは，公

重要用語

迂回融資

補足

平成25年の銀行法改正によって，迂回融資がされた場合には，実質的に信用供与を受ける者に対する信用供与として銀行法の大口信用供与規制の規定を適用すると明記された。

重要用語

アームズ・レングス・ルール

正という点からも問題であるし，銀行の資産内容が劣化する可能
性もある。このような弊害を防止するところにこのルールの存在
意義がある。

▶ 2. アームズ・レングス・ルールの内容

　銀行法13条の2は，「銀行は，その特定関係者又はその特定関
係者の顧客との間で，次に掲げる取引又は行為をしてはならない。
ただし，当該取引又は行為をすることにつき内閣府令で定めるや
むを得ない理由がある場合において，内閣総理大臣の承認を受け
たときは，この限りでない」と定めている。そして，禁止される
取引として，「当該特定関係者との間で行う取引で，その条件が当
該銀行の取引の通常の条件に照らして当該銀行に不利益を与える
ものとして内閣府令で定める取引」（銀行法13条の2第1号），
「当該特定関係者との間又は当該特定関係者の顧客との間で行う取
引又は行為のうち前号に掲げるものに準ずる取引又は行為で，当
該銀行の業務の健全かつ適切な遂行に支障を及ぼすおそれのある
ものとして内閣府令で定める取引又は行為」（同条2号）があげら
れている。

　特定関係者との取引において重要な点は，銀行にとって通常の
取引条件よりも不利益な取引を内閣総理大臣の承認なくしてはな
らないということである。

⚠ 注意
通常の取引条件よりも銀行に有利な取引であっても，相手方である特定関係者に不当な不利益を与える取引も禁止されていることに注意すべきであろう（銀行法施行規則14条の11第2号）。

第2編

4　情報開示（ディスクロージャー）

▶ 1. 情報開示の意義

　情報開示とは，金融機関の経営内容を公開する制度である。銀
行などは，会社法と金商法の適用を受けるから，株主や投資家に
対する情報開示義務をそれぞれの法律に基づいて負っている。さ
らに，金融機関はその公共的使命と重要性から銀行法によって特

📖 重要用語
情報開示

別な情報開示を義務付けられている。特に，金融機関が整理統合され，定期預金等についてペイオフ解禁となっている現状を考慮すれば，預金者保護の観点から正確かつ詳細な情報開示をすることが望まれている。

▶ 2. 情報開示の内容

まず，銀行は，事業年度ごとに，当該事業年度の中間事業年度に係る貸借対照表および損益計算書ならびに当該事業年度に係る貸借対照表および損益計算書を作成して，当該中間事業年度および当該事業年度経過後3か月以内に公告しなければならない（銀行法20条1項・4項）。また，銀行に子会社等がある場合には，子会社等も連結して記載した貸借対照表と損益計算書を作成して公開すべきとされる（同条2項）。

次に，銀行は，事業年度ごとに当該事業年度および中間事業年度に係る業務および財産の状況に関する事項として銀行法施行規則19条の2第1項所定の事項を記載した説明書類を作成して，事業年度経過後4か月以内に営業店に備え置き，顧客だけでなく公衆に開示しなければならない（銀行法21条1項）。その内容は，貸借対照表と損益計算書よりも幅広く，特に，リスク管理体制，コンプライアンス体制，自己資本比率，不良債権等の状況など，一般人が銀行と取引をするについて必要な情報が開示されることになっている。各銀行はこの規定に基づいてディスクロージャー誌を作成のうえ，営業店などに配置している。

▶ 3. 情報開示違反に関する制裁

銀行やその役職員が銀行法20条または21条に違反して，公告または公衆への縦覧を行わず（情報を開示せず），またはこれらの書類に記載すべき事項を記載せず，もしくは虚偽の記載をした場合には，法人である銀行は2億円以下の罰金に処せられ（銀行法64条1項2号），銀行の役職員は，1年以下の懲役または300万

重要用語
貸借対照表

重要用語
損益計算書

補足

従来は，当該事業年度に係る情報開示のみが規定されていたが，平成17年の銀行法改正によって中間事業年度に係る情報開示が必要となった。

補足

平成17年の銀行法改正によって，説明書類の縦覧にも中間年度ごとに開示を要するものとされた。

円以下の罰金に処せられる（同法63条1号の2・1号の3）。

5　その他銀行法に基づく規制

▶ 1. 名義貸しの禁止

　平成17年の銀行法改正で名義貸しの禁止が規定された。すなわち，「銀行は，自己の名義をもって，他人に銀行業を営ませてはならない」とされている（銀行法9条）。

▶ 2. 兼職禁止

　前述のように銀行の常務に従事する取締役は，内閣総理大臣の認可を受けた場合を除くほか，他の会社の常務に従事してはならないとされている（銀行法7条）。兼職禁止の趣旨は，銀行の公共的使命に鑑み，銀行の常務に従事する取締役は，その職務に専念しなければならないと考えられたのである。また，銀行の取締役が他の会社の職務を行うとすれば，いわゆる情実融資などの弊害を招来することもありうる。銀行の取締役がこの規定に違反すると，100万円以下の過料に処せられる（同法65条2号）。

　なお，兼職禁止の主体は，「常務に従事する取締役」であり，禁止事項は，「他の会社の常務に従事すること」である点に留意されたい。したがって，社外取締役や監査役は主体ではないし，他の会社の社外取締役や社外監査役になることは可能であるが，取締役でない常勤の従業員や常勤監査役にはなれないのである。

▶ 3. 顧客情報の適正な取扱い等

　平成17年の銀行法改正により，銀行法12条の2に顧客情報の適正な取扱い等が追加された。すなわち，同条2項には銀行の顧客に対する情報提供が定められていたが，併せて「その業務に関して取得した顧客に関する情報の適正な取扱い，その業務を第三者に委託する場合における当該業務の的確な遂行その他の健全か

関連過去問題
〈2級〉
✎ 2023年(10月)問2
✎ 2023年(6月)問2
✎ 2022年(10月)問2
✎ 2022年(6月)問2

重要用語
名義貸し

重要用語
兼職禁止

第2編

つ適切な運営を確保するための措置を講じなければならない」と規定されたのである。これは個人情報保護法の制定などとも相まって，顧客の情報管理が銀行の主要な義務となっていることを如実に物語るものといえよう。

▶ 4. 禁止行為

平成17年の銀行法改正によって銀行業務に係る禁止行為が明示された。すなわち，銀行は，その業務に関し，以下の行為をしてはならないと規定されたのである（銀行法13条の３）。

---

① 顧客に対し，虚偽のことを告げる行為

② 顧客に対し，不確実な事項について断定的判断を提供し，または確実であると誤認させるおそれのあることを告げる行為

③ 顧客に対し，当該銀行または当該銀行の特定関係者その他当該銀行と内閣府令で定める密接な関係を有する者の営む業務に係る取引を行うことを条件として，信用を供与し，または信用の供与を約する行為

④ 前３号に定めるもののほか，顧客の保護に欠けるおそれがあるものとして内閣府令に定める行為

この規定の新設により，従来，金商法や保険業法などで禁止されていた虚偽事実の告知や断定的判断の提供などが禁止されるとともに，優越的地位を濫用した取引が全面的に禁止されることとなった。

▶ 5. 顧客の利益の保護のための体制整備

① **概要等**

平成20年６月に制定公布された改正金融商品取引法は，金融グループにおけるファイアーウォール規制の緩和に伴い，顧客の利益を保護するため，顧客利益保護管理体制を整備させるべく，銀

行法を改正し，次の条項を新設している。

> （顧客の利益の保護のための体制整備）
> 銀行法第13条の3の2第1項　銀行は，当該銀行，当該銀行を所属銀行とする銀行代理業者又は当該銀行の親金融機関等若しくは子金融機関等が行う取引に伴い，当該銀行，当該銀行を所属銀行とする銀行代理業者又は当該銀行の子金融機関等が行う業務（銀行業，銀行代理業その他の内閣府令で定める業務に限る。）に係る顧客の利益が不当に害されることのないよう，内閣府令で定めるところにより，当該業務に関する情報を適正に管理し，かつ，当該業務の実施状況を適切に監視するための体制の整備その他必要な措置を講じなければならない。

　ところで，この改正の目的は，法令等から明らかなように，銀行等または顧客間の利益相反の管理体制の整備である。銀行法等においては，顧客の利益の保護とされているが，監督指針では明確に利益相反行為の制限とされている。

　②　銀行における対応

　内閣府令と監督指針を前提にすれば，金融機関が行うべき体制整備は次のようになる。

　ⅰ）利益相反管理方針の策定および概要の公表

　銀行は，利益相反管理方針を策定し，少なくともその概要をホームページ等で公表すべきである。

　利益相反管理方針の内容としては，利益相反取引の特定方法，利益相反取引の類型，役職員の責任や役割を含む管理体制，管理方法，管理対象の範囲等を明示すべきである。したがって，通常の「方針」よりも細部を定めた内部規程に近いものを策定すべきである。取締役会で承認されるべきものであろう。

ⅱ）利益相反管理統括部署の設置

　営業部門から独立性の確保された利益相反を管理・統括する部署を設置すべきである。この部署において利益相反について一元的な管理を行うべきであり，個別事象における利益相反か否かの決定や具体的な利益相反回避方法などを決定すべきである。もちろん情報の一元的な管理を行う部署でもある。

ⅲ）社内規則の整備

　利益相反管理方針に従った社内規則を策定し，研修等を通して各職員に周知徹底すべきである。

ⅳ）対象取引の特定

　利益相反のおそれがある取引や潜在的に利益相反が発生する可能性がある取引を特定・類型化し，継続的に評価する。

　たとえば，M＆A関係の取引，事業再生関係の取引などファイナンスだけでなく，プラスアルファが生じる取引などが注意すべき取引とされるであろう。銀行や関連会社と顧客との関係だけでなく，顧客間の利益相反をも含めてピックアップすべきである。

　法人関係取引が多いであろうが，個人との取引についても優越的地位の濫用等を視野に入れて考えるべきである。関連会社との取引を押し付けるものではないかなどの検証を必要とするのではないか。

ⅴ）利益相反管理方法

　金融機関は，具体的な利益相反事案につき，顧客の利益が不当に害されることのないよう次の措置を講じるべきである。

　ア）対象取引を行う部門と当該顧客との取引を行う部門を分離し，情報の共有を制限する。

　イ）対象取引または当該顧客との取引の条件または方法を変更する。

ウ）対象取引または当該顧客との取引を中止する。

エ）対象取引に伴い，利益相反によって顧客の利益が不当に害されるおそれがあることを開示し，顧客に取引を中止するか否かに関する選択権を与えたうえで，顧客から書面等により同意を得る。顧客に対する情報開示は，顧客の属性に十分適合させる必要がある。

ⅵ）記録の保存

金融機関は，次の記録を5年間は保存すべきである。

ア）対象取引の特定にかかる記録
イ）利益相反管理体制の下で実施した個別事案における措置にかかる記録

▶ 6. 届出義務

　銀行法は，銀行に特定の事項について，内閣総理大臣（金融庁）への届出義務を課している（銀行法53条）。営業の開始，子会社に関する事項，増資などが列挙されている。銀行法施行規則35条には，不祥事件の届出などを含めて，およそ銀行経営に重要な影響を及ぼす事項について届出が必要とされている。銀行がこの届出義務に違反し，届出を怠り，または虚偽の届出をした場合には，その銀行の役職員が100万円以下の過料に処せられる（銀行法65条1項4号）。

▶ 7. 監　督

　銀行は，内閣総理大臣の監督下にあるから，内閣総理大臣（具体的には金融庁）に対して，事業年度ごとに業務と財産の状況を記載した報告書を提出する義務がある（銀行法19条）。

　また，内閣総理大臣が必要があると認めた場合には，銀行は報告や資料の提出をしなければならない（銀行法24条）。さらに，

重要用語
立入検査

内閣総理大臣は，金融庁職員をして銀行に立入検査をさせることもできる（同法25条）。そして，その結果，改善が必要であると認められれば，内閣総理大臣は，銀行に対して改善計画の提出を求めることや銀行業務の一部または全部の停止を命ずることもできるし（同法26条），銀行が法令，定款，内閣総理大臣の行った行政処分に違反したときは，業務の停止，役員の解任，免許の取消しをすることもできる（同法27条）。

　銀行が銀行法19条に違反して報告書を提出せず，または虚偽の報告書を提出した場合，24条に違反して報告や資料の提出をせず，または虚偽の報告等をした場合，25条に違反して検査を拒否ないし妨害した場合などは，銀行は２億円以下の罰金に処せられ（銀行法64条１項２号），銀行の役職員は１年以下の懲役または300万円以下の罰金に処せられる（同法63条１号〜３号）。

内閣総理大臣は，銀行の業務の健全かつ適切な運営を確保するため必要があると認めるときは，業務または財産の状況に関する資料の提出，業務改善計画の提出を求めることや立入検査を行うことができる。

6 銀行代理業制度

▶ 1. 総　説

　平成17年の銀行法改正により，銀行代理店制度が抜本的に見直され，代理店による銀行業参入が大幅に緩和された。従前の法人代理店制度では，銀行の100％子会社のみが代理店となることが可能であり，しかも他の業務と兼業することが禁止されていた。しかし，このような代理店は銀行本体と実質的に異ならず，代理

店制度は有名無実化していた。

　そこで，顧客の利便性向上の観点から，銀行代理店制度が根本から見直され，規制緩和の視点で金融商品の販売チャンネルの多様化を図り，国民がよりよい金融サービスを容易に受けられるようにするために，前記規制が撤廃されたのである。したがって，金融業以外の他の業種からの参入が可能となったのである。もちろん，金融サービスを行うという金融業の性質上，当局による監督を及ぼすため，銀行代理業は許可制であり，銀行と同様の十分な監督が及び，さらには，銀行の健全性を確保するための措置がとられている。

　なお，代理店制度の拡充は，銀行法の改正によるものであるが，信用金庫，信用協同組合，労働金庫はもとより，ＪＡバンクなどの系統金融機関についても認められるものである。

▶ 2. 銀行代理業の許可制度

① 許可制

　銀行代理業は，許可制であり，内閣総理大臣の許可を受けた者だけが営むことができる（銀行法52条の36第１項）。また，銀行代理業者は，所属銀行の委託を受ける場合でなければ銀行代理業を営むことができず（同条２項），所属銀行の事前の許諾なければ再委託をすることができない（同条３項）。

② 許可の基準

　銀行代理業の許可基準であるが，まず，銀行代理業を営むにふさわしい財産的基礎を有する必要がある（銀行法52条の38第１項１号）。具体的には資産－負債で法人500万円以上，個人300万円以上が必要である。次に，人的構成等に照らして，銀行代理業を的確，公正かつ効率的に遂行するために必要な能力を有していなければならず，かつ，十分な社会的信用を必要とする（同項２号）。具体的には，元銀行員等を配置することや法令等遵守体制の

重要用語

銀行代理業

整備が必要とされており，法令違反などの前歴なきことが重視されている。また，他に業務を営むことにより銀行代理業を適正かつ確実に営むことにつき支障を及ぼすおそれがないことを要する（同項3号）。具体的には，他業による利益相反等の弊害が生じてはならないであろう。さらに，内閣総理大臣は，許可をするに際し，業務内容等につき条件を付加することもできる（同条2項）。

▶ 3. 業務の範囲

平成17年の銀行法の改正によって，銀行代理業の定義が規定されたが，それによると「銀行代理業」とは，以下の行為のいずれかを行う営業である（銀行法2条14項）。

---

① 預金または定期積金等の受入れを内容とする契約の締結の代理または媒介
② 資金の貸付けまたは手形の割引を内容とする契約の締結の代理または媒介
③ 為替取引を内容とする契約の締結の代理または媒介

そして，銀行法52条の42第1項には，上記銀行代理業およびこれに付随する業務のほか，内閣総理大臣の承認を受けた業務を営むことができると規定されている。したがって，一般の会社でも金融機関の窓口で行われている業務が可能となる。なお，事業者向けの貸付けはできないとされている。

▶ 4. 顧客保護管理態勢

① 分別管理

銀行代理業者が銀行代理行為に関して顧客から金銭等を預かった場合には，自己の固有財産と分別して管理（分別管理）しなければならない（銀行法52条の43）。あくまでも顧客や所属銀行に属する金銭であり，代理業者のものではないからである。

② 説明義務等

重要用語

分別管理

銀行代理業務を行うにつき，代理業者は事前に顧客に対して所属銀行の商号，代理または媒介の別などを明らかにしなければならない（銀行法52条の44第1項）。

　銀行代理業者は，預金または定期積金等に係る契約の内容その他預金者等の参考となるべき事項につき，情報の提供を行わなければならない（銀行法52条の44第2項）。銀行法12条の2に対応する規定である。

　その他にも他の法律に定めるもののほか，重要な事項の顧客への説明，顧客情報の適正な取扱いなどの措置を講じなければならない（銀行法52条の44第3項）。

③　禁止行為

　銀行代理業においても，銀行と同様に虚偽のことを告げる行為や断定的判断の提供の禁止等，銀行法13条の3に規定すると同じ行為が禁止行為とされている（銀行法52条の45）。

▶ 5. 監　督

　銀行代理業者も内閣総理大臣の監督に服する。すなわち，銀行と同様に，報告や資料の提出，立入検査，質問等が行われる。また，業務改善命令等が発令されることもありうるし，許可の取消なども可能である（銀行法52条の53〜52条の56）。

▶ 6. 所属銀行の指導と責任

　所属銀行は，銀行代理業者について，業務の指導その他の健全かつ適切な運営を確保するための措置を講じなければならない（銀行法52条の58）。したがって，銀行における内部監査と同様の監査や研修などを行う必要もある。

　所属銀行は，銀行代理業者が顧客に与えた損害について賠償をする義務を負う（銀行法52条の59）。使用者責任と同様の原理（報償責任）に基づく責任であろう。

▶ 7. 外国銀行代理業務

 重要用語

外国銀行代理業務

平成20年の銀行法改正によって外国銀行代理業務が新設された（同法52条の２）が，所属銀行である外国銀行との間に資本関係があることが必要されていたことから，実際には一般の邦銀が外国銀行の代理業務を行う余地は少なかった。

ところで，地域金融機関の取引先である中小企業等が海外に拠点を置いて活動するようになったことから，中小・地域金融機関も海外進出を図る必要が出てきた。そこで，平成25年の銀行法等の改正の一つの項目として，外国銀行業務の代理・媒介に係る規制緩和が議論され，銀行法施行規則13条の２を改正し，国内銀行等が代理・媒介を海外で行う場合に限り，出資関係の有無を問わず，内閣総理大臣の認可を経て外国銀行の業務の代理・媒介を行うことが可能となった。

銀行代理業は許可制であり，内閣総理大臣の許可を受けた者だけが営むことができる。

理解度チェック

❶ 銀行法は，銀行の公共的使命を考慮し，銀行が行うことのできる業務を定めている。
❷ 大口信用供与規制の範囲は，受信側が単体であってもグループ全体であっても自己資本額の50％とされている。
❸ 銀行代理業は許可制であり，金融庁の許可を受けた者が営むことができる。

解答　❶ ○
　　　❷ ×　25％とされている。
　　　❸ ×　内閣総理大臣の許可を受けた者だけが営むことができる。

2 ｜ 金融取引法関連

1 取引時確認義務・疑わしい取引の届出義務

　金融機関の顧客に対する本人確認については，平成２年より麻薬等取引から生ずる利益についてなされるマネー・ローンダリング（資金洗浄）を防止する観点から行われていた（旧大蔵省通達平成２年６月28日蔵銀1700号）。また，法律においては，「外国為替及び外国貿易法」（以下「外為法」という）に，やはりマネー・ローンダリングの観点から本人確認義務が規定されている。しかし，金融機関の本人確認義務を包括的に規定した法律は存在しなかった。ところが，平成13年９月に米国において同時多発テロ事件が発生し，単なる犯罪行為から生ずる利益のローンダリングのみならず，国際的なテロ組織の資金活動を抑止する観点から，平成14年４月26日に「金融機関等による顧客等の本人確認等に関する法律」（平成16年の第161国会における改正により，「金融機関等による顧客等の本人確認等及び預金口座等の不正な利用の防止に関する法律」とされた。以下「本人確認法」という）が公布され，平成15年１月６日から施行されていたが，平成19年に「犯罪による収益の移転防止に関する法律（平成19年法律22号。以下「犯罪収益移転防止法」という）」に改組された。

　また，上記のようにマネー・ローンダリング防止のために，金融機関には「疑わしい取引の届出義務」が課せられていたが，これも「犯罪収益移転防止法」へ移管された。そこで，ここでは，マネー・ローンダリングについて解説した後，犯罪収益移転防止

関連過去問題

〈1級〉
2019年(6月)問7

重要用語

本人確認義務

第2編

法と外為法上の確認義務およびいわゆる調書提出法上の調書提出
義務を説明し，最後に疑わしい取引の届出義務について言及する。

上記改正および後記平成23年の改正に伴い，犯罪収益移転防止
法により，本人特定事項を偽る行為および他人になりすまして金
融機関との間における預貯金契約に係る役務提供を受けることな
どを目的として，預貯金通帳，カードなどを譲り受け，その交付
を受け，またはその提供を受けた者，正当な理由なく有償で預貯
金通帳等を譲り受け，その交付を受け，またはその提供を受けた
者は，1年以下の懲役もしくは100万円以下の罰金またはこれら
が併科されることとなった（同法27条・28条1項）。また，上記
行為の相手方，すなわち，通帳等の譲渡を行った者も同様である
（同法28条2項）。この罰則導入は，最近の振り込め詐欺の跋扈に
対抗するためのものである。

平成19年に本人確認法と組織的犯罪処罰法の疑わしい取引の届
出義務が「犯罪収益移転防止法」に改組され，平成20年3月から
施行された。この法律では，銀行等の金融機関のみならず，リー
ス業者，クレジットカード業者，貴金属を扱う宝石商などにも本
人確認義務や疑わしい取引の届出が認められている。その後，犯
罪収益移転防止法は，平成23年4月に改正されている（平成23
年4月28日法律第31号。以下「平成23年改正法」という）。平成
23年改正法は，刑罰を引き上げたほか，後記のとおり取引時確認
事項を本人特定事項以外にも拡大しており，平成25年4月1日か
ら施行されている。

平成26年の臨時国会において，「犯罪による収益の移転防止に
関する法律の一部を改正する法律（平成26年法律第117号）」が
可決成立し，同年11月19日に公布された（以下「平成26年改正
法」という）。平成26年改正法は，平成28年10月1日から施行
されている。改正犯収法は，①疑わしい取引の判断基準の明確化を

図ることにより，継続的な顧客管理を実現すること，②コルレス契約（日本の銀行が海外の銀行と締結する為替業務の代行等に関する契約）締結時の厳格な確認を求めることにより，マネー・ローンダリングの抑止することを企図しており，③事業者が行う体制整備等の努力義務を拡充している。その他，政省令の改正によって，後記取引時確認にかかる複数の改正がされている。

▶ 1. マネー・ローンダリング

マネー・ローンダリングとは，「資金洗浄」と翻訳されている。犯罪によって得られた金銭を市中の金融機関を通すことにより，あたかも汚れを洗い落としたような状態にすることである。マネー・ローンダリングが問題とされた端緒は，国際的な麻薬等取引の拡大にあった。すなわち，国際的犯罪シンジケートによって麻薬取引から得られた莫大な資金が犯罪組織を支え，新たな犯罪を生み出すという連鎖を断ち切るために国際刑事警察機構および国際連合が主体となって，「麻薬及び向精神薬の不正取引の防止に関する国際連合条約」が採択され，わが国の国内法にも取り入れられたのである。

ところが，国際的犯罪組織に係るマネー・ローンダリングは，麻薬等不正取引のみならず，その他の組織的犯罪とも関わりがあることから，その対象をあらゆる犯罪に拡大するため，平成11年に組織的犯罪処罰法が制定された。

さらに，米国における同時多発テロ事件を契機にテロ資金を根絶するために，平成13年10月に「テロリズムに対する資金供与の防止に関する国際条約」が採択され，わが国もこの条約に合せて関係諸法の整備を行うこととなった。その結果，わが国では本人確認法として結実したのである。そして，平成19年に犯罪収益移転防止法が制定され，現在に至っているのである。

重要用語
マネー・ローンダリング

第2編

重要用語
犯罪収益移転防止法

重要用語

取引時確認義務

取引時確認義務は，金融機関等の特定事業者をして取引相手である顧客の取引時確認等を義務付けるものであるが，その内容は以下のとおりである。

① **特定事業者**（犯罪収益移転防止法 2 条 2 項）

重要用語

特定事業者

取引時確認等を義務付けられる特定事業者は，銀行，信用金庫，労働金庫，信用協同組合，農業協同組合等の預金を受入れる金融機関から保険会社，証券会社，金融商品取引業者，貸金業者など，およそすべての金融機関が含まれる。

② **対象となる取引**（犯罪収益移転防止法 4 条）

対象金融機関が多種に及ぶところから対象となる取引も数多くあるが，大別すると，

> ア）金融機関と顧客との間の継続的な取引関係の開始
> イ）200 万円を超える現金（小切手取引を含む）等取引（現金の受払いをする取引で為替取引または自己宛小切手の振出を伴うものにあっては，10 万円を超えるもの）
> ウ）本人特定事項に真偽の疑いのある顧客との取引
> エ）敷居値以下に分割された取引
> オ）顧客管理を行う上で特別の注意を要する取引
> カ）いわゆる外国 PEPs との取引

について必要とされている。従来，旧大蔵省通達で行われていた本人確認が必要な取引が網羅されており，銀行業務との関係では，新規口座開設，200 万円を超える現金による預金，その他貸金庫取引の開始なども含まれている。ただし，掛捨型の保険契約やすでに取引時確認済みの者であることを確かめる措置をとった取引は除外されている。

なお，上記エ～カは平成 26 年改正法に伴う政省令の改正によっ

て新たに取引時確認を要する取引として加えられたものであり，エは取引時確認を要する200万円を超える現金取引や10万円を超える為替取引等における敷居値（200万円と10万円）以下の取引にあっても１回当たりの取引の金額を減少させるために分割していることが明らかな場合には，１つの取引とみなして取引時確認をすべきとされ，オは疑わしい取引と同種の取引の態様と著しく異なる態様で行われる取引に取引時確認をすべきとされ，カは外国の元首および外国の政府，中央銀行等において重要な地位を占める者との取引に取引時確認をすべきとされている。

※　簡素な顧客管理を行うことが許容される取引

　　平成26年改正以前の犯収法においても，特定取引のうち軽微な取引などが「犯罪による収益の移転に利用される恐れがない取引」（施行規則４条）とされ，取引時確認を必要とする特定取引から除外されていた。ただし，これらの取引においても取引記録の作成・保存義務があり，疑わしい取引の届出の対象となるなど，一定の顧客管理対象となっていた。しかし，FATFからはこれらの取引に係る顧客が管理対象から除外されていると評価されたことから，改正法に基づく施行令は，これらの取引に係る顧客についても，最低限の顧客管理の対象となることを明確にするため，「簡素な顧客管理を行うことが許容される取引」に改めた。

　　具体的な取引内容については，施行規則４条１項に明記されているが，金融機関の業務との関係では，改正法に基づいて新たに追加された以下の取引が重要である。

　　ア）電気，ガスまたは水道水の料金の支払に係るもの

　　イ）学校教育法第１条に規定する小学校，中学校，高等学校，特別支援学校，大学または高等専門学校に対する入

> 学金，授業料その他これに類するものの支払に係るもの

③ 個人顧客に対する取引時確認（犯罪収益移転防止法4条）

前記のとおり平成23年4月に成立した改正犯罪収益移転防止法（以下「平成23年改正法」という）は，従来の本人特定事項（「氏名」，「住居」，「生年月日」）の確認に加え，「取引を行う目的」，「職業」の確認を行うことになっている。

ⅰ）本人特定事項の確認方法等

犯罪収益移転防止法に基づく本人特定事項の確認方法は，原則として書類による確認であるが，その他の方法も認められている。詳細は以下のとおりであるが，注意すべきは妻が夫の口座を開設するような場合には夫婦の本人特定事項の確認が必要となり，法人取引においては，法人の確認のみならず現実に取引を行う者の本人特定事項の確認も必要となることである。

本人特定事項の確認方法
店舗等における対面取引
ⓐ運転免許証，個人番号カード，パスポート等の写真付の公的証明書の提示を受ける方法
ⓑ国民健康保険，健康保険，船員保険，後期高齢者医療もしくは介護保険の被保険者証，各種共済組合の組合員証，国民年金手帳，児童扶養手当証，母子健康手帳または特定取引を行うための書類に押印した印鑑に係る印鑑登録証明書，その他の印鑑登録証明書，戸籍謄本もしくは抄本，住民票の写しまたは住民票の記載事項証明書，その他官公庁が発行する書類で当該自然人の氏名，住居，生年月日の記載のあるものの提示を受け，かつ，以下に定めるいずれかの追加確認措置をとる方法 ㋐ 顧客等の住居に宛てて，取引関係文書を書留郵便等の転送不要郵便物等として送付すること。 ㋑ 写真なしの他の本人確認書類または顧客等の現在の住居の記載のある納税証明書や公共料金の領収書等（以下「補完書類」という）の提示を受けること。 ㋒ 当該本人確認書類以外の本人確認書類もしくは補完書類またはそれらの写しの送付を受けて，確認記録に添付すること。

インターネット取引等における非対面取引

ⓐ顧客から本人確認書類の原本の送付を受け，当該書類に記載された住居に宛てて，取引関係文書を書留郵便等により転送不要郵便物として送付する方法

ⓑ顧客からＩＣチップ情報の送信を受け，当該書類に記載された住居に宛てて，取引関係文書を書留郵便等により転送不要郵便物として送付する方法

ⓒ顧客から１枚に限り発行された本人確認書類の画像情報の送信を受け，当該書類に記載された住居に宛てて，取引関係文書を書留郵便等により転送不要郵便物として送付する方法

ⓓ顧客から現在住居の記載がある本人確認書類の写し２種類の送付を受け，当該書類に記載された住居に宛てて，取引関係文書を書留郵便等により転送不要郵便物として送付する方法

ⓔ顧客から本人確認書類の写しおよび補完書類の送付を受け，当該書類に記載された住居に宛てて，取引関係文書を書留郵便等により転送不要郵便物として送付する方法

　ただし，上記ⓐ～ⓔの例外として，マネー・ローンダリング等のリスクの低い法人の被用者の給与受取用口座の開設等については，従来のとおり，本人確認書類の写しの送付を受け，当該書類に記載された住居に宛てて，取引関係文書を書留郵便等により転送不要郵便物として送付する方法も認められている。

その他の方法による確認

ⓐ本人限定受取郵便により，顧客に預金通帳などの関係文書を送付する方法。ただし，郵便物を受領する際に提示する本人確認書類は顔写真付のものでなければならない。

ⓑ顧客の氏名，住居，生年月日の記載のある電子証明書および電子証明書より確認される電子署名を行った預貯金契約の締結等の取引を行うための申込みなどの情報の送信を受ける方法

　ii）取引目的の確認（犯罪収益移転防止法４条１項２号）

　改正法は，新たな取引時確認事項として，その取引を行う目的を追加している。取引を行う目的という事項の性質上，顧客本人の自己申告によるとされている。

　取引を行う目的については，金融庁が公表した「犯罪収益移転防止法に関する留意事項について」（以下「留意事項」という）によれば，「生活費決済」，「事業費決済」，「給与受取・年金受取」，「貯蓄・資産運用」，「融資」，「外国為替取引」が預貯金契約締結の

目的として例示されている。また，大口現金取引（為替取引）の目的としては，「商品・サービス代金」，「投資・貸付・借入返済」，「生活費」が例示されている。

ⅲ）職業の確認（犯罪収益移転防止法4条1項3号）

平成23年改正法は，新たな取引時確認事項として，個人顧客の職業を追加している。その確認方法は自己申告である。

なお，金融庁から公表された「留意事項」によれば，個人顧客の職業類型として，「会社役員・団体役員」，「会社員・団体職員」，「公務員」，「個人事業主・自営業」，「パート・アルバイト・派遣社員・契約社員」，「主婦」，「学生」，「退職された方・無職の方」，「その他」が例示されている。

④ **法人顧客に対する取引時確認**（犯罪収益移転防止法4条）

平成23年改正法は，従来の本人特定事項（「名称」，「本店または主たる事務所の所在地」）の確認に加え，「取引を行う目的」，「事業の内容」，「法人の実質的支配者」，「法人の取引担当者の代理権等の確認方法」の確認を行うことになっている。

ⅰ）本人特定事項の確認方法等

本人特定事項の確認方法等
ⓐ登記事項証明書（6ヵ月以内に作成されたもの）などの提示を受ける方法
ⓑ上記書類を受けるとともに，当該書類に記載された本店所在地等に宛て，書留郵便等により，転送不要郵便物として送付する方法
ⓒ上記ⓐの書類の写しの送付を受け，当該書類に記載された本店所在地等に宛て，書留郵便等により，転送不要郵便物として送付する方法
ⓓ商業登記法の規定に基づき作成した電子証明書および電子署名を行い，取引の申込みまたは承諾にかかる情報の送信を受ける方法
ⓔ法人顧客の代表者等から当該法人顧客の名称および本店または主たる事務所の所在地の申告を受け，民事法務協会の登記情報提供サービスを通じて登記情報の送信を受ける方法（この方法は対面取引でも非対面取引でも利用することができるが，代表権を有する者として登記されていない者と非対面取引にて行う場合には，当該法人の本店に宛てて，取引関係文書を書留郵便等により転送不要郵便物として送付しなければならない）

> ⑥法人顧客の代表者等から当該法人の名称および本店または主たる事務所の所在地の申告を受け，国税庁の法人番号公表サイトによって，当該法人の確認を行う方法

　ⅱ）取引を行う目的

　取引を行う目的については，個人顧客の場合と同様に，申込書や依頼状などに複数の目的を例示し，顧客にチェックさせる方法による。その確認方法は，当該顧客等の代表者等から申告を受ける方法による。具体的には，特定取引が預金契約の開始であれば，「投資」，「貯蓄」，「公共料金の決済」，「納税資金」等がある。

　ⅲ）事業内容

　平成23年改正法では，法人の確認事項として事業内容が追加されている。確認方法は，定款や登記事項証明書等の書類による。

　ⅳ）法人の実質的支配者

　平成23年改正法で追加され，同26年改正法によって，最終的に自然人が出てくるまで遡ることとされた法人の実質的支配者の確認方法については，次のとおりである。

📖 重要用語

法人の実質的支配者

法人の実質的支配者の確認方法

ⓐ確認方法は，原則として自己申告によるが，確実な証跡による本人確認をすることが望ましい。

ⓑ実質的支配者とは，次に掲げる法人の区分に応じ，それぞれ次の者とする。
　　㋐　株式会社，投資法人，特定目的会社その他の法人（以下「資本多数決法人」という）の議決権の4分の1を超える議決権を保有する自然人（ただし，他者が当該法人の議決権総数の2分の1を超える議決権を有している場合を除く）。
　　㋑　㋐以外の資本多数決法人のうち，出資，融資，取引その他の関係を通じて当該法人の事業活動に支配的な影響力を有すると認められる自然人があるものでは，当該自然人
　　㋒　資本多数決法人以外の法人のうち，イ）当該法人の事業から生ずる収益もしくは当該事業に係る財産の総額の4分の1を超える収益の配当もしくは財産の分配を受ける権利を有していると認められる自然人，または，ロ）出資，融資，取引その他の関係を通じて当該法人の事業活動に支配的な影響力

を有していると認められる自然人があるものでは，当該自然人
④　⑦から⑨までの自然人がいない法人では，当該法人を代表し，その業務を
執行する自然人

ⅴ）法人の取引担当者の代理権等の確認方法

平成23年改正法にて法人の取引担当者の代理権等の確認措置が
必要とされていたところ（同法4条4項），委任状や電話確認のほ
かに会社の発行した社員証などの身分証も確認方法として是認さ
れていたが，平成26年改正法はFATFの指摘に従い，そのよう
な身分証による確認を削除するとともに，代表者等が当該顧客等
の役員として登記されていることについては，代表権限を有する
役員として登記されている場合に限定することとされた。

⑤　**厳格な顧客管理を行う必要性が特に高いと認められる取引**
等における確認事項

金融機関は，次の取引を行うに際して，前記③ⅰ）〜ⅲ）ない
し④ⅰ）〜ⅴ）の事項を確認しなければならない。加えて，当該
取引が200万円を超える資産の移転を伴う場合には，顧客の資産
および収入の状況を確認しなければならない（犯罪収益移転防止
法4条2項）。これを「厳格な顧客管理を行う必要性が高い取引
等」という（同法施行令12条）。

ⅰ）相手方が関連する他の取引の際に行われた確認（以下「関
連取引時確認」という）につき，顧客になりすましている疑いが
ある取引

ⅱ）関連取引時確認が行われた際に，当該関連取引時確認事項
を偽っている疑いがある取引

ⅲ）犯罪による収益移転防止に関する制度の整備が十分に行わ
れていないと認められる国または地域（イランと北朝鮮）に居住
または所在する顧客等との取引，その他これらの国または地域に
居住または所在する者への財産の移転等を伴う取引（犯罪収益移

転防止法施行令12条2項)

　iv）外国PEPsとの取引

　外国PEPs（Politically Exposed Persons）とは，国家元首，総理大臣，政府，中央銀行等に類する機関において重要な地位を占める個人をいい，平成26年改正法は外国のPEPsについて，これらの者またはその家族等が顧客等またはその実質的支配者である場合には，通常の顧客管理に加えて，厳格な顧客管理を実施すべきとしている（同法施行令12条3項，同法施行規則15条）。

　注意すべきは，⑤ⅰ）またはⅱ）に該当する場合の「本人特定事項」の確認は，関連取引時確認を行った際に採った方法とは異なる方法により行い，資産および収入の状況の確認は，疑わしい取引の届出を行うべき場合に該当するか否かの判断に必要な限度で行うとされていることである。

　また，関連取引時確認を行った際に採った方法とは異なる方法としては，犯罪収益移転防止法施行規則13条1項によれば，改めて別の本人確認書類の提示を受ける方法などが定められている。

　次に，資産および収入の状況の確認においては，個人については源泉徴収票，確定申告書，預貯金通帳，これらに類する顧客等の資産および収入の状況を示す書類で行うべきであり，注意すべきは当該顧客等の配偶者（事実婚関係にある者を含む）についても上記に掲げるものをもって確認すべきとされていることである（犯罪収益移転防止法施行規則14条4項1号）。また，法人については，貸借対照表，損益計算書およびこれらに類する書類により資産および収入の状況を確認することとされている（同項2号）。

　⑥　その他の留意点

　ⅰ）記録の作成と保存（犯罪収益移転防止法6条）

　取引時確認を行った金融機関等は，取引時確認記録を作成し，その記録を7年間保管しなければならない。

ⅱ）違反行為に対する制裁等

　顧客は，取引時確認事項を偽ってはならず（犯罪収益移転防止法４条６項），偽って取引をした者は，１年以下の懲役もしくは100万円以下の罰金またはこれらの併科に処せられる（同法27条）。

　金融機関等については，確認を怠っても刑罰を受けるものではないが，監督官庁から是正命令の対象となることはある（犯罪収益移転防止法18条）。そして，金融機関が是正命令に違反すれば，担当した役職員は２年以下の懲役もしくは300万円以下の罰金に処せられ，または併科され（同法25条），法人である金融機関についても３億円以下の罰金に処せられることになる（同法31条１号）。その他，監督官庁の検査を妨害した場合や虚偽の報告をした場合には，役職員が１年以下の懲役もしくは300万円の罰金に処せられ，または併科され（同法26条），法人である金融機関についても２億円以下の罰金に処せられることになる（同法31条２号）。

　個人・法人顧客に対する本人特定事項の確認方法を，それぞれ確実に押さえておきましょう。

▶ 3. 外為法上の本人確認義務

　前記のように，外為法には従来から本人確認義務が規定されていたが，旧本人確認法の制定以降，その内容が改正されていることに注意すべきである（同法18条）。また，国際的な経済制裁に実効性を持たせるための許可等の確認義務があることも注意すべきだろう（同法17条）。

① 外為法17条の確認義務

　金融機関は，顧客に国外送金を依頼されたとき，その支払いが外為法16条・21条，その他外為法等に基づく許可，承認等の手

続を得ているかの確認をする必要がある。なお，金融機関が確認をしないで為替取引を行うおそれがあると認める場合には，財務大臣から是正措置命令を受ける可能性がある（同法17条の２）。

② **外為法18条の本人確認義務**

金融機関は，外国への送金または非居住者への支払いを顧客に依頼された場合には，顧客の本人確認（法人については取引を行う自然人も含む）をする必要がある。ただし，その金額10万円を超えない場合にはこの限りではない（外国為替令７条の２）。そして，金融機関は本人確認記録を作成し，７年間保存しなければならない（外為法18条の３）。なお，金融機関が本人確認を怠っていると財務大臣が認めた場合には，是正措置命令を受ける可能性があり（同法18条の４），この是正命令に違反した金融機関およびその役職員は，刑罰（法人につき３億円以下の罰金刑，役職員につき２年以下の懲役もしくは300万円以下の罰金または併科）に処せられることになる（同法70条の２・72条１項４号）。

③ **外為法22条の２の本人確認義務**

金融機関が顧客との間で「資本取引」に係る契約の締結等行為をする場合には，本人確認を行う必要がある（外為法22条の２）。「資本取引」とは外為法20条に定められているが，「居住者と非居住者との間の預金契約」などが典型的な取引とされている。

また，22条の３には，200万円を超える両替（外国為替令11条の６）についても本人確認を必要とすると規定されている。

▶ 4. 金融機関の届出義務

犯罪収益移転防止法には，金融機関による疑わしい取引の届出が定められている。すなわち，同法８条１項は，「特定事業者は，（略）当該取引において収受した財産が犯罪による収益である疑いがあるかどうか，又は顧客等が特定業務に関し組織的犯罪処罰法第10条（犯罪収益等隠匿）の罪若しくは麻薬特例法第６条（薬物

重要用語

疑わしい取引の届出

> **注意**
> 実際に取引が成立しなかった場合にも，疑わしい取引であると金融機関が認識したのであれば届出の対象となる。

犯罪収益等隠匿）の罪に当たる行為を行っている疑いがあるかどうかを判断し，これらの疑いがあると認められる場合においては，速やかに，政令で定めるところにより，政令で定める事項を行政庁に届け出なければならない」と規定している。

そして，同条２項は，「前項の規定による判断は，同項の取引に係る取引時確認の結果，当該取引の態様その他の事情及び第３条第３項に規定する犯罪収益移転危険度調査書の内容を勘案し，かつ，主務省令で定める項目に従って当該取引に疑わしい点があるかどうかを確認する方法その他の主務省令で定める方法により行わなければならない」と規定している。

ところで，従来から金融庁は，疑わしい取引の参考事例を公表している。たとえば，「現金の使用形態に着目した事例」としては，「多額の現金（外貨を含む）又は小切手により，入出金（有価証券の売買，送金及び両替を含む）を行う取引」や「短期間のうちに頻繁に行われる取引で現金又は小切手による入出金の総額が多額である場合」などがあげられている。

また，「真の口座保有者を隠匿している可能性に着目した事例」としては，「架空名義口座又は借名口座であるとの疑いが生じた口座を使用した入出金」や「口座名義人である法人の実態がないとの疑いが生じた口座を使用した入出金」などがあげられている。

その他，「口座の利用形態に着目した事例」，「債券等の売買の形態に着目した事例」，「保護預り・貸金庫に着目した事例」，「外国との取引に着目した事例」，「融資及びその返済に着目した事例」，「その他の事例」についても公表されているので，注意する必要がある。

なお，犯罪収益移転防止法８条３項は，「特定事業者（その役員及び使用人を含む）は，第１項の規定による届出（以下「疑わしい取引の届出」という）を行おうとすること又は行ったことを当

該疑わしい取引の届出に係る顧客等又はその者の関係者に漏らしてはならない」と規定し，金融機関の役職員に守秘義務を課している点に注意すべきである。

「疑わしい取引の届出」を行おうとすることや行ったことは，当該顧客および当該関係者に漏らしてはならない。

2 説明義務（銀行法・金融サービス提供法）

▶ 1. 説明義務の意義

　金融機関には，自己の金融商品について顧客に説明を尽くす義務が課せられている。現実に「銀行法」，「金融サービスの提供に関する法律」（以下「金融サービス提供法」という）には，銀行等の説明義務が明示されており，投資信託や保険商品の窓口販売が認められることとなったので，金融商品取引法（以下「金商法」という）と保険業法に基づく説明義務も履行しなければならない。従前の銀行取引では，顧客にとってリスクのある商品がなかったので，説明義務が問題となることがなかったが，現在では，説明義務の重要性が増している。

　しかし，法律に直接説明義務が規定されていなかったときにも，銀行の説明義務は問題となっており，現実に裁判では，「信義誠実の原則」（民法1条2項）を根拠に金融機関の説明義務が認められていた。このように，金融機関に説明義務があるとされるのは，金融機関が金融商品の専門家で，顧客よりも知識と情報が豊富だからである。契約当事者間でこのように力関係に較差がある場合には，強い者が弱い者に対して義務を負うことになるのである。

　金融機関が説明義務に違反したことにより，顧客に損失が生ず

!　注意

令和5年の212回国会において成立した「金融商品取引法等の一部を改正する法律」（以下，この編において「令和5年改正法」という）によって，この法律の名称は，「金融サービスの提供及び利用環境の整備等に関する法律」に変更されているので，令和5年改正法施行後はこれによる。

📖 重要用語

信義誠実の原則

れば，金融機関に損害賠償責任が発生することに留意すべきである。

　以下では，銀行法と金融サービス提供法上の説明義務に触れるにとどめるが，金商法と保険業法については，該当各部分を参照されたい。

▶ 2. 銀行法12条の2

　銀行法12条の2第1項は，「銀行は，預金又は定期積金等の受入れ（第13条の4に規定する特定預金等の受入れを除く）に関し，預金者等の保護に資するため，内閣府令で定めるところにより，預金等に係る契約の内容その他預金者等に参考となるべき情報の提供を行わなければならない」と定め，同条2項は，「前項及び第13条の4並びに他の法律に定めるもののほか，銀行は，内閣府令で定めるところにより，その業務に係る重要な事項の顧客への説明（略）その他健全かつ適切な運営を確保するための措置を講じなければならない」と定める。

　そして，上記規定に基づいて銀行法施行規則13条の3は，銀行が情報の提供を行う場合の細則を定めている。また，規則13条の4は，「特定社債等の権利者に対する情報の提供」について，規則13条の5は，「金銭債権等と預金等との誤認防止」について，規則13条の6は，「投資信託委託会社等への店舗貸しによる受益証券等の取扱い」について定めている。さらに，規則13条の7は，顧客に対する説明等につき，銀行が社内規則を定め，従業員に対する研修等の十分な体制整備を義務付けている。

▶ 3. 銀行法13条の4

　平成18年の証券取引法改正によって，銀行法に13条の4が新設され，外貨預金等のリスクのある預金については，「特定預金等」と定義された。そして，特定預金等契約の締結には，金商法が準用されることとなった（法13条の4）。したがって，外貨預金

等の契約をするには，金商法の行為規制に従わなければならない。

① 特定預金等契約

特定預金等とは，金利，通貨の価格，金商法2条14項に規定する金融商品市場における相場その他の指標に係る変動によりその元本について損失が生ずるおそれがある預金または定期積金等として内閣府令で定めるものと定義されている。そして，特定預金等の受入れを内容とする契約が特定預金等契約とされている。したがって，銀行等の扱う預金では外貨預金，円建デリバティブ預金，通貨オプション組入型預金がこれに該当する。

② 金商法の準用

金商法第3章第2節に規定する金融商品取引業者等に対する行為規制の多くが銀行にも準用されている。すなわち，行為規制のうち，広告等の規制（同法37条1項2号を除く），契約締結前の書面交付（同法37条の3第1項2号6号および3項を除く），禁止行為（同法38条1号2号および38条の2を除く），損失補てん等の禁止（同法39条3項ただし書および5項を除く），適合性の原則などが準用されているのである（銀行法13条の4）。したがって，外貨預金等の特定預金等契約に際しては，適合性の原則に従った適切な勧誘および説明が必要となる。

③ 銀行代理業に関する改正

銀行代理業についても，銀行法13条の4と同内容の規定がある（同法52条の45の2）。したがって，特定預金等の契約につき，銀行と同様の規制に服することとなる。

④ 罰　則

銀行の役職員および銀行代理業者の役職員が損失補てん等の禁止，広告等の規制，契約締結前の書面交付，契約締結時の書面交付に違反した場合には，刑罰が科せられる。損失補てん等違反につき3年以下の懲役もしくは300万円以下の罰金または併科，広

Q 参照
行為規制については，第2編7で説明する。

! 注意
令和5年改正法によって「契約締結前の情報提供等」に改正されているので，施行後はこれによる。

第2編

告等の規制違反，契約締結前および契約締結時の書面交付違反につき，それぞれ6月以下の懲役もしくは50万円以下の罰金または併科である（銀行法61条4号・63条の2の5）。

なお，法人である銀行については，損失補てん等につき3億円以下の罰金，その他の違反行為については50万円以下の罰金に処せられる（銀行法64条1項1号・4号）。

⑤ 銀行以外の金融機関

銀行以外の預金受入れ金融機関についても銀行法と同様の改正が行われている。

金商法の行為規制等の準用規定は，次のとおりである。

---

① 農業協同組合法11条の5および92条の5（代理業）
② 水産業協同組合法11条の9および121条の5（代理業）
③ 協同組合による金融事業に関する法律6条の5の11
④ 信用金庫法89条の2
⑤ 長期信用銀行法17条の2
⑥ 労働金庫法94条の2
⑦ 農林中央金庫法59条の3および95条の5（代理業）

関連過去問題
〈2級〉
✎ 2023年(6月)問40
〈1級〉
✎ 2023年(6月)問8
✎ 2019年(10月)問8

▶ 4. 金融サービス提供法

A 金融サービス提供法の意義

金融商品の販売に関する法律（以下「旧金販法」という）は，銀行等の金融機関が投資信託等の金融商品を取り扱うことができるようになったことから，平成12年（2000年）4月1日に施行された法律であって，その内容は，金融機関の説明義務に限れば，①金融商品販売業者等が金融商品の販売等に際し，顧客に説明をすべき事項等を明示し，②金融商品販売業者等が説明をしなかったことにより顧客に損害が生じた場合における金融商品販売業者等の責任に関する特則を規定し，③金融商品販売業者等が行う勧

誘の適正確保のための措置を定めるものである。

　旧金販法も平成18年の証券取引法の改正によって大幅な改正となっているので，以下では説明義務を中心に説明する。

B　説明義務

a）説明事項の範囲の拡大

　金融サービス提供法が規定する説明義務は，次のとおりである（金融サービス提供法４条１項）。

　i）当該金融商品の販売について，金利，通貨の価格，金融商品市場における相場その他の指標に係る変動を直接の原因として，元本欠損が生ずるおそれがあるときは，次の事項を説明しなければならない（金融サービス提供法４条１項１号）。

ア）元本欠損が生ずるおそれがある旨

イ）当該指標

ウ）イ）の指標に係る変動を直接の原因として，元本欠損が
　　生ずるおそれを生じさせる当該金融商品の販売に係る取引
　　の仕組みのうちの重要な部分

　市場リスクがある金融商品の説明は，従来はア）とイ）のみで足りたが，当該金融商品について，なぜ元本欠損が生ずるかを取引の仕組みの重要部分（金融サービス提供法４条５項１号によれば，預貯金契約では契約の内容とされている）を説明しなければならないとされた。たとえば，外貨預金では現行の為替レートと将来の為替レートまたは現実に両替する場合の価格等，契約の内容（顧客の預金が円から外貨に換算して預託され，顧客の請求に従って外貨から円に換算したうえで払い戻されること）をわかりやすく行う必要がある。

　ii）当該金融商品の販売について，金利，通貨の価格，金融商品市場における相場その他の指標に係る変動を直接の原因として，

当初元本を上回る損失が生ずるおそれがあるときは，次の事項を説明しなければならない（金融サービス提供法4条1項2号）。

> ア）当初元本を上回る損失が生ずるおそれがある旨
> イ）当該指標
> ウ）イ）の指標に係る変動を直接の原因として，当初元本を上回る損失が生ずるおそれを生じさせる当該金融商品の販売に係る取引の仕組みのうちの重要な部分（顧客が負担する義務の内容や取引の仕組み）

　これは旧金販法の改正によって新設された規定であり，市場リスクがある金融商品であって元本を上回る損失が生ずるおそれのあるものについて規定したのである。たとえば，信用取引等で損失を抱え，預託している証拠金以上の損失が出る場合などが考えられる。

　ⅲ）当該金融商品の販売について，当該金融商品の販売を行う者その他の者の業務または財産の状況の変化を直接の原因として，元本欠損が生ずるおそれがあるときは，次の事項を説明しなければならない（金融サービス提供法4条1項3号）。

> ア）元本欠損が生ずるおそれがある旨
> イ）当該者
> ウ）イ）の者の業務または財産の状況の変化を直接の原因として，元本欠損が生ずるおそれを生じさせる当該金融商品の販売に係る取引の仕組みのうちの重要な部分

　これはいわゆる信用リスクの説明であるが，旧金販法よりも説明すべき事項が増えている。たとえば，匿名組合方式の集団投資スキームでは，営業者の業務と資産状況が損失にかかわるので，取引の仕組みの重要部分である顧客の義務の内容とともに説明が

必要となる。金融サービス提供法における説明義務は，金商法における有価証券の募集に該当しない場合にも必要であることに留意すべきである。

　ⅳ）当該金融商品の販売について，当該金融商品の販売を行う者その他の者の業務または財産の状況の変化を直接の原因として，当初元本を上回る損失が生ずるおそれがあるときは，次の事項を説明しなければならない（金融サービス提供法4条1項4号）。

> ア）当初元本を上回る損失が生ずるおそれがある旨
> イ）当該者
> ウ）イ）の者の業務または財産の状況の変化を直接の原因として，当初元本を上回る損失が生ずるおそれを生じさせる当該金融商品の販売に係る取引の仕組みのうちの重要な部分

　信用リスクについて当初元本以上の損失の出る類型に関する説明義務について規定したものである。

　ⅴ）上記ⅰ）およびⅲ）に該当するもののほか，当該金融商品の販売について，顧客の判断に影響を及ぼすこととなる重要なものとして政令で定める事由を直接の原因として，元本欠損が生ずるおそれがあるときは，次の事項を説明しなければならない（金融サービス提供法4条1項5号）。

> ア）元本欠損が生ずるおそれがある旨
> イ）当該事由
> ウ）イ）の事由を直接の原因として，元本欠損が生ずるおそれを生じさせる当該金融商品の販売に係る取引の仕組みのうちの重要な部分

　ⅵ）上記ⅱ）およびⅳ）に該当するもののほか，当該金融商品

の販売について，顧客の判断に影響を及ぼすこととなる重要なものとして政令で定める事由を直接の原因として，当初元本を上回る損失が生ずるおそれがあるときは，次の事項を説明しなければならない（金融サービス提供法4条1項6号）。

> ア）当初元本を上回る損失が生ずるおそれがある旨
> イ）当該事由
> ウ）イ）の事由を直接の原因として，当初元本を上回る損失が生ずるおそれを生じさせる当該金融商品の販売に係る取引の仕組みのうちの重要な部分

　金融サービス提供法は，上記 i ）ないし iv）以外にも，政令でより詳細に説明義務が必要な取引を規定している。

　vii）当該金融商品の販売の対象である権利を行使することができる期間の制限，または当該金融商品の販売に係る契約の解除をすることができる期間の制限があるときは，その旨（金融サービス提供法4条1項7号）。

　これは，従来から規定されていた権利行使期間または契約解除期間に制限のある金融商品に関する説明事項である。

　b）説明の方法と程度

　旧金販法の改正法は，4条2項に説明の方法と程度に関する規定を新設している。すなわち，「前項の説明は，顧客の知識，経験，財産の状況及び当該金融商品の販売に係る契約を締結する目的に照らして，当該顧客に理解されるために必要な方法及び程度によるものでなければならない」とされているのである。これは適合性の原則を金融商品販売業者の説明義務に採用したものであり，この条文にある「顧客の知識，経験，財産の状況及び当該金融商品の販売に係る契約を締結する目的」は，金商法40条に規定されている適合性の原則の諸要素にほかならない。金商法の適合

性の原則は勧誘に関するものであったが，旧金販法の改正法では，説明義務に関するものとして採用されたことにもなる。したがって，金融商品販売業者等は，顧客の属性と契約の目的を考慮して，顧客に理解されるに必要な方法と程度で説明をしなければならない。

② 断定的判断の提供等の禁止

旧金販法の改正法は，断定的判断の提供の禁止も新設している。すなわち，金融商品販売業者等は，不確実な事項について断定的判断を提供し，または確実であると誤認させるおそれのあることを告げる行為を行ってはならないのである。

③ その他

旧金販法の改正法は，金商法の規制対象範囲の拡大等を受けて，定義規定なども改めたほか，10条の勧誘方針の策定に顧客の属性に「投資目的」を追加している。

C　説明義務の免除（金融サービス提供法4条7項）

次の場合には，金融機関の顧客への説明義務が免除される。

ⅰ）顧客が特定顧客（金融商品販売業者等）の場合

ⅱ）重要事項について説明を要しない旨の顧客の意思表明があった場合

D　説明義務違反の効果（金融サービス提供法4条・5条）

金融機関が金融サービス提供法4条に定める説明義務に違反し，または同法5条の規定に違反して断定的判断の提供を行ったときは，これによって生じた顧客の損害を賠償する責任を負う（同法6条）。

上記の場合，顧客が生じた元本欠損額をもって顧客の損害と推定される（金融サービス提供法7条1項）。損害賠償請求訴訟においては，原告である顧客が説明義務等の有無，内容，義務違反，損害および因果関係を主張立証すべきであるところ，金融サービ

ス提供法は顧客保護のため，説明義務等違反だけを主張立証すれば足りるとされたのである。

E　勧誘の適正を確保するための措置（金融サービス提供法9条・10条・97条）

⚠ 注　意

令和5年改正法
施行後の97条
は154条になる。

金融商品販売業者等は，業として行う金融商品の販売等に係る勧誘をするに際し，その適正の確保に努めなければならない（金融サービス提供法9条）。

具体的には，事前に勧誘方針を定めて公表する必要があるが，勧誘方針では，ⅰ）勧誘の対象となる者の知識，経験，財産の状況および当該金融商品の販売に係る契約を締結する目的に照らし配慮すべき事項，ⅱ）勧誘の方法および時間帯に関し勧誘の対象となる者に対し配慮すべき事項，ⅲ）前ⅰ），ⅱ）に掲げるもののほか，勧誘の適正の確保に関する事項を定める必要がある（金融サービス提供法10条）。

金融商品販売業者等が上記に反して勧誘方針を定めず，または公表しない場合には，50万円以下の過料に処せられる（金融サービス提供法97条）。

金融商品の販売時における説明義務や禁止事項について，確実に把握しましょう。

▶ 5. 与信取引における説明義務

①　事務ガイドライン改正の経緯

前記のように金融商品については，金融機関には金融サービス提供法による説明義務が課せられているが，融資等の与信取引については明確な規制はなかった。しかし，平成15年に金融庁によって公表された「リレーションシップバンキングの機能強化に関するアクションプログラム」において，特に中小企業の顧客に対する説明態勢の整備に関する監督のあり方について事務ガイドラ

インの改正が宣告され，この問題に関連する改正事務ガイドライ
ンが同年7月29日に公表されている。

　すなわち，銀行法12条の2および同施行規則13条の7によれ
ば，業務内容および方法に応じ，顧客の知識，経験，財産の状況
および取引を行う目的を踏まえた重要な事項の顧客に対する説明
を行うための十分な体制整備が義務付けられている。しかし，金
融商品の販売に関しては，金融商品販売法（現在の金融サービス
提供法）の施行もあって，実務上説明態勢が整備されているが，
与信取引については，必ずしも明確ではなかったが，リレーショ
ンシップバンキングのアクションプログラムが発出されたことか
ら，事務ガイドラインが整備され，特に中小企業向け融資取引に
ついて，金銭消費貸借契約，担保および保証契約における説明態
勢の確立が図られることとなった。

　なお，前記のように事務ガイドラインは，平成16年6月より
「監督指針」に改定されており，監督指針Ⅱ－3－2－1に「与信
取引等（貸付契約及びこれに伴う担保・保証契約及びデリバティ
ブ取引）に関する顧客への説明態勢」が規定されている。

　②　全行的な内部管理態勢の確立

　監督指針によれば，金融機関において，まず全行的な内部管理
態勢の確立を図る必要がある。そのため，以下の諸点の連携が必
要であり，このような態勢が整備されているかが問われる。

　ⅰ）内部管理態勢確立に対する取締役会の適切な機能発揮

　ⅱ）法令の趣旨を踏まえた社内規則等の作成（適合性原則の採
用）

　ⅲ）法令の趣旨を踏まえた行内の実施態勢（研修等を含む）の
構築

　ⅳ）説明態勢（顧客との情報の相互共有に向けた説明態勢の整
備）

③　契約時点等における説明

　具体的な契約時における説明としては，以下の事項につき規則等を定め，職員の研修等の整備が検証される。

　ⅰ）商品または取引内容およびリスク等に関する説明（特に個人保証における最悪の事態の説明や第三者的包括保証人に対する情報開示義務）

> ア）融資取引にオプション・スワップ等のデリバティブ取引が含まれているときは，銀行法13条の３や金商法38条・40条の規定に抵触することがないよう，顧客の知識，経験，財産の状況，取引の目的を踏まえ，商品内容やそのリスクに応じた説明をしなければならない。
>
> イ）住宅ローン契約については，利用者に適切な情報提供とリスク等に関する説明を行うこととしているか。
>
> ウ）個人保証契約については，保証債務を負担するという意思を形成するだけではなく，その保証債務が実行されることによって自らが責任を負担することを受容する意思を形成するに足る説明をすることとしているか。
>
> エ）経営者等との間で保証契約を締結する場合には，「経営者保証に関するガイドライン」に基づき，保証契約の必要性等について，主債務者と保証人に対して丁寧かつ具体的な説明を行うこととしているか。
>
> オ）連帯保証契約については，補充性や分別の利益がないことなど，通常の保証契約とは異なる性質を有することを，相手方の知識，経験等に応じて説明することとしているか。
>
> カ）信用保証協会の保証付き融資については，利用する保証制度の内容や信用保証料の料率などについて，顧客の知識，経験等に応じた適切な説明を行うこととしているか。

ⅱ）契約締結の客観的合理的理由の説明

ⅲ）契約の意思確認

ⅳ）契約書等の書面の交付

④　**顧客との情報共有の拡大と相互理解の向上に向けた取組み**

相談機能を強化する取組みが必要とされる。また，顧客に関する債務者区分などについても情報を共有することを必要とする場面が考えられる。

⑤　**取引関係の見直し等の場合の対応**

金融機関においては，契約の見直しについても以下の事項につき説明態勢を構築しなければならない。

ⅰ）金利見直し，返済条件の変更，担保追加設定等の場合

ⅱ）顧客の要望を謝絶し貸付契約に至らない場合

ⅲ）延滞債権の回収，債権譲渡，企業再生手続および債務者や保証人の個人再生手続等の場合

⑥　**苦情処理機能の充実・強化**

苦情処理についても以下のような態勢を構築する必要がある。

ⅰ）苦情等の事例の蓄積と分析から説明態勢の改善を図る取組み

ⅱ）「反社会的勢力との絶縁等民事介入暴力に対する適切な対応態勢が整備されているか。

⑦　**不公正取引との誤認防止**

金融機関は，独占禁止法において禁止されている優越的地位の濫用と誤認されかねない説明等を防止するための態勢整備が必要とされる。

Q 参照

優越的地位の濫用については，本編6を参照されたい。

3　消費者契約法等

関連過去問題
〈2級〉
🖊2022年(6月)問40

▶ 1. 意　義

消費者契約法は，消費者保護法のひとつで，主に消費者が締結

した契約関係から離脱することを容易にし，消費者に不利益で事業者に有利な契約条項を無効にすることによって消費者保護を図る法律である（同法1条）。

その適用範囲は，消費者と事業者の消費者契約である。消費者とは，個人（事業としてまたは事業のために契約をする場合を除く）であり，事業者とは，銀行などの法人または事業を行う個人をいう（消費者契約法2条）。

▶ 2. 契約の取消

消費者は，以下の場合には契約を取り消すことができる。本来，民法上の取消は，相手方に詐欺または強迫があった場合にだけ認められるが，この取消事由を拡大して消費者保護を図っている。なお，消費者の取消権は，追認できる時から1年間行使しない場合，または契約締結から5年経過した時点で消滅する（消費者契約法7条）。

ⅰ）事業者が契約の勧誘に際して，重要事項について事実と異なることを告げ，これを事実と誤認して消費者が契約を締結するに至った場合，消費者は，契約（申込みまたは承諾の意思表示）を取り消すことができる（消費者契約法4条1項1号）。

ⅱ）事業者が契約の勧誘に際して，重要事項について，断定的判断を提供し，これを事実と誤認して消費者が契約を締結するに至った場合，消費者は，契約（申込みまたは承諾の意思表示）を取り消すことができる（消費者契約法4条1項2号）。

ⅲ）事業者が契約の勧誘に際して，重要事項について，消費者の利益になることを告げ，かつ，不利益になる事実を故意に告げなかった場合，消費者が不利益な事実が存在しないと誤認して契約を締結するに至った場合，消費者は，契約（申込みまたは承諾の意思表示）を取り消すことができる（消費者契約法4条2項）。

ⅳ）事業者が契約勧誘につき，消費者が退去を要求したにもか

かわらず，消費者の住居等から退去しないため，消費者が困惑して契約を締結した場合も同様である（消費者契約法4条3項1号）。

ⅴ）事業者が契約勧誘につき，消費者が退去を要求したにもかかわらず，勧誘場所から退去させないため，消費者が困惑して契約を締結した場合も同様である（消費者契約法4条3項2号）。

消費者が，どのような契約ならば取り消すことができるのか，確認しましょう。

▶ 3. 契約条項の無効（消費者契約法8条・8条の2・8条の3・10条）

以下の内容の契約は無効とされる。

ⅰ）事業者の債務不履行により消費者に生じた損害を賠償する責任の全部を免除し，または当該事業者にその責任の有無を決定する権限を付与する条項（同法8条1項1号）。

ⅱ）事業者の債務不履行（当該事業者，その代表者またはその使用する者の故意または重大な過失によるものに限る）により消費者に生じた損害を賠償する責任の一部を免除し，または当該事業者にその責任の限度を決定する権限を付与する条項（同項2号）。

ⅲ）消費者契約における事業者の債務の履行に際してされた当該事業者の不法行為により消費者に生じた損害を賠償する責任の全部を免除し，または当該事業者にその責任の有無を決定する権限を付与する条項（同項3号）。

ⅳ）事業者の債務不履行により生じた消費者の解除権を放棄させ，または当該事業者にその解除権の有無を決定する権限を付与する条項（同法8条の2）。

ⅴ）事業者の債務不履行（当該事業者，その代表者またはその使用する者の故意または重大な過失によるものを除く）または消費者契約における事業者の債務の履行に際してされた当該事業者

の不法行為（当該事業者，その代表者またはその使用する者の故意または重大な過失によるものを除く）により消費者に生じた損害を賠償する責任の一部を免除する消費者契約の条項であって，当該条項において事業者，その代表者またはその使用する者の重大な過失による行為にのみ適用されることを明らかにしてない条項（同法8条3項）。

ⅵ）事業者に対し，消費者が後見開始，保佐開始または補助開始の審判を受けたことのみを理由とする解除権を付与する消費者契約の条項が無効とされている（同法8条の3）。

無効とされる契約条項について，確認しましょう。

▶ 4. 損害賠償予定額の制限（消費者契約法9条1項2号）

消費者契約においては，遅延損害金の上限が年14.6％とされる。ただし，銀行等の金融機関については，消費者契約法と特別法の関係に立つ利息制限法の適用があるから，20％が上限となる。

▶ 5. 消費者団体訴訟制度

平成18年の消費者契約法改正によって消費者団体訴訟制度が導入された。すなわち，適格消費者団体は，消費者契約法に違反する勧誘行為等を行う業者に対し，当該行為等を禁止する差止訴訟をすることができるとされたのである。

この制度は，事業者等が消費者契約の締結について，消費者契約法に違反する勧誘行為または契約条項の使用をする場合，またはそのおそれのある場合に，内閣総理大臣の認定を受けた適格消費者団体が当該行為の差止めを請求できるものである。したがって，消費者に対し虚偽のことを告げる行為や消費者に対し，不確実な事項について断定的判断を提供し，または確実であると誤認させるおそれのあることを告げる行為等による勧誘を行う事業者

に対し，適格消費者団体が当該行為の差止請求訴訟を提起できるのである。

さらに，平成20年の景品表示法の改正により，適格消費者団体は，事業者が，不特定多数の一般消費者に対して，①商品・役務の内容について，実際のものまたは競争関係にあるものよりも著しく優良であると誤認される表示，もしくは，②商品または役務の価格その他の取引条件について実際のものまたは競争関係にあるものよりも著しく有利であると誤認される表示をし，もしくは表示を行うおそれのある場合には，当該行為の差止請求をすることができるとされている（景品表示法30条）。

▶ 6. 消費者裁判手続特例法の制定

平成25年の臨時国会において，「消費者の財産的被害等の集団的な回復のための民事の裁判手続の特例に関する法律」（以下「消費者裁判手続特例法」という）が可決成立し，平成28年10月1日から施行されている。この法律は，集団的な消費者被害を回復するために特定適格消費者団体（現在の適格消費者団体のうち新たな認定要件を満たすものを内閣総理大臣が認定）に訴訟追行権を与える等によって，消費者被害の回復を目的とするものである（同法1条）。

消費者裁判手続特例法の対象となる請求は，①契約上の債務の履行請求（同法3条1項1号），②不当利得に係る請求（同項2号），③契約上の債務不履行による損害賠償の請求（同項3号），④瑕疵担保責任に基づく損害賠償の請求（同項4号），⑤不法行為に基づく民法の規定による損害賠償の請求（同項5号），⑥慰謝料（ただし，財産的損害を併せて請求の場合または故意の場合に限る）であり，被告となるのは消費者契約の相手方である事業者である。

この法律に基づく手続は，一般の民事訴訟の特例となり，1段

階目の手続として，特定適格消費者団体が原告となり，事業者を被告として，共通義務確認訴訟を提起し，勝訴判決が出されれば，2段階目の手続が開始される。2段階目の手続では，個々の消費者が自己の債権の確定を請求することになるが，簡易な手続にて確定決定を得られ，事業者から被害額の賠償を受けられるとするものである。

4　金利規制

銀行等の金融機関についての金利規制は次のとおりである。

▶ 1. 利息制限法

利息制限法は，民法の利率の上限に関する特別法であり，その上限利率は，元本額が10万円未満までは20%，10万円から100万円未満が18%，100万円以上が15%となっている（利息制限法1条）。そして，遅延損害金の利率の上限は，上記利率の1.46倍とされる（同法4条）。ただし，金融機関の貸金については，20%が上限とされている（同法7条）。これらの利率を超過する利息に関する契約は無効であるから，金融機関が超過利息を取得した場合には，不当利得となり返還義務を負う。

▶ 2. 臨時金利調整法

銀行等の金融機関においては，上記利息制限法以外にも最高利率を定める臨時金利調整法があり，それによると，銀行の当座預金は無利息，銀行の貸付け，手形割引および当座貸越の利率は，原則として15%が上限とされている（金融機関の金利の最高限度に関する件）。

▶ 3. 出資法

📖 重要用語

出資法

「出資の受入れ，預り金及び金利等の取締りに関する法律」（以下「出資法」という）は，高金利に対し，刑罰をもって禁止して

いる。すなわち，業者が年20%を超える割合の利息を支払う契約
をし，またはこれを超える割合の利息を受領したときは，5年以
下の懲役もしくは1,000万円以下の罰金に処せられ，または併科
される（同法5条2項）。

5 提携ローン

▶ 1. 提携ローンの問題点

関連過去問題
〈1級〉
/ 2021年（10月）問3
/ 2019年（10月）問5

銀行等の金融機関が不動産，その他の物品またはサービス提供
を行う業者と提携契約をしたうえ，当該商品等を購入する顧客に
対して代金の融資を行うのが提携ローンと呼ばれる取引である。
業者の経営が正常で正当な物品等が販売され，顧客が満足するの
であれば，特に問題はないが，業者が販売した商品に欠陥があっ
た場合や顧客が業者からサービスを受けない段階で業者が倒産し
たような場合に金融機関への融資金の返済を巡ってトラブルにな
るケースがある。

▶ 2. 対 応

提携ローンのトラブルで法的に問題となるのが，「抗弁の接続」
である。すなわち，業者の販売した商品に欠陥があったことを金
融機関に主張できるかという問題である。一般的には，商品販売
契約と融資契約は別個の契約であるから，業者に対する抗弁を金
融機関に主張することはできないはずである。ただし，金融機関
が業者の欠陥商品販売に関与していた場合や欠陥があることを知
って提携ローンを組んだ場合などは，金融機関に対して抗弁が認
められる可能性があり，ケースによっては共同不法行為とされる
可能性もある。

> [!] 注 意
> 割賦販売法にお
> いては，指定商
> 品・指定役務制
> 度による「抗弁
> 権の接続」（同法
> 30条の4)が認め
> られていたが，平
> 成20年の改正
> によって原則とし
> て不動産取引等
> を除くすべての
> 商品と役務につ
> いて抗弁権の接
> 続が認められて
> いることに注意
> すべきである。

6　相談業務

▶ 1. 相談業務の問題点

　金融機関の職員は，顧客のさまざまな相談に応ずることがあり，特に金融ビッグバンで規制緩和が進んでからはＦＰ資格を取得する職員も増えている。しかし，相談業務には困難が伴う。金融機関の職員の相談業務は，資産価値の目減りを予防すること，将来の相続等を見越した税軽減が多いが，税制は不断に改正されることから，現在の制度を前提とすることにリスクがあるからである。さらに，相談業務には，以下のような法的な規制があることに留意すべきである。

▶ 2. 税務相談

　税務相談については，税理士法上の規制がある。すなわち，原則として，税理士または税理士法人以外の者が税理士業を行うことが禁止され（税理士法52条），違反した者は２年以下の懲役または100万円以下の罰金に処せられる（同法59条）。そして，税理士業とは，「税務申告の代理」，「税務書類の作成」，「税務相談」である（同法２条）。なお，これらは有償無償を問わない。

　金融機関の職員が申告の代理や書類の作成をすることはないだろうが，税務相談に応じることはありうる。ただし，この税務相談とは，たとえば顧客が税務申告をするに際して具体的な税額計算を算出する等を指し，一般的に税率などを答えることなどは許容されている。したがって，金融機関の職員としては，顧客の具体的な税務相談に応じてはならない。税理士法に抵触しないとしても顧客とのトラブルになる可能性が否定できないからである。

▶ 3. 法律相談

　法律相談についても，弁護士法による規制がある。すなわち，

弁護士または弁護士法人以外の者が報酬を得る目的で，業（反復継続）として，法律事件に関する法律事務を取り扱うこと，または法律事件について法律事務の取扱いを周旋することが禁止され（弁護士法72条），違反した者は2年以下の懲役または300万円以下の罰金に処せられる（同法77条3号）。

　無償で行う一般的な法律相談が禁止されているわけではないが，金融機関の職員が一般的な法律に精通しているものではないから，一般的な法律相談にも回答すべきではないであろう。

▶ 4. 相談業務と損害賠償責任

　金融機関の役職員が顧客の相談事項につき，故意または過失があり，顧客が損失を受けた場合には，当該役職員および金融機関が損害賠償責任を負担する可能性がある（民法709条・715条）。特に，税務相談事例においてバブル経済時代には，相続税対策として変額保険の紹介がなされ，銀行が敗訴した案件もある。税務対策には将来の不確定要素が存在するのだから慎重に行うべきである。

税理士または税理士法人以外の者が税理士業を行うことは禁止され，有償無償を問わない。

7 　保険業法

▶ 1. 保険窓販の規制緩和

　平成19年12月22日から保険商品の銀行窓販が全面的に解禁された。平成13年4月に初めて窓販が認められてから，同14年10月と同17年12月に取扱商品が拡大してきたが，遂に全面的に解禁されたのである（保険業法275条1項・保険業法施行規則（以下「規則」という）212条）。

銀行等の金融機関が保険募集等を行うということは，保険業法の規制を受けることを意味する。そして，保険業法には顧客保護のための詳細な規制がある。特に，銀行が保険商品を販売することによる弊害防止措置が定められていることに留意すべきである。

▶ 2. 保険業法による規制

保険業法には，もともと保険会社が保険募集を行う場合の規制があるが，銀行等の金融機関に関する新たな規制もされている。主要な規制は以下のとおりである。

① **業務運営に関する措置**（規則53条の３の３）

保険会社は，銀行等に保険募集を行わせる場合，当該銀行等の信用を背景とする過剰な保険募集により当該保険会社の業務の健全かつ適切な運営および公正な保険募集が損なわれることのないように，銀行等への委託方針を定めるなどの措置を講じなければならない。

② **顧客に関する非公開金融情報の取扱い**（規則212条２項１号）

銀行等が有する既存の顧客の非公開金融情報（預金や融資に関する取引情報等）を保険募集について利用してはならず，逆に，保険募集について知り得た顧客の非公開保険情報を他の銀行業務に利用してはならない。ただし，事前に当該顧客の書面その他適切な同意ある場合には，この限りではない。

なお，平成23年の規制緩和に伴い，顧客の同意を取得する際には，保険勧誘の手段，利用する情報の範囲，同意の撤回の方法等を明示することとされている。

③ **融資先募集規制**（規則212条３項１号・212条の２第３項１号・212条の５第３項１号）

銀行等が新たに取り扱うことのできる保険契約の募集を行う場合，以下の者を保険契約者または被保険者として保険契約の募集

について手数料を得て行ってはならない。

 ⅰ）事業資金の融資先である法人，その代表者および個人事業者

 ⅱ）事業資金の融資先である小規模事業者（常時雇用する従業員の数が50人（特例地域金融機関では20人）以下の事業者）の役員および従業員。

④ **担当者分離規制**（規則212条３項３号・212条の２第３項３号・212条の５第３項３号）

融資担当者は保険募集をできない。

ただし，特例地域金融機関では，担当者分離規制について代替措置を採ることおよび従業員数20人超から50人以下の融資先につき，保険金額が一定金額までとされる規制（小口規制）がされている。

⑤ **タイミング規制**（規則234条１項10号）

融資先募集規制の対象となる保険商品については，融資申込者に保険募集を行ってはならない（タイミング規制）。ただし，非事業性資金の融資申込者に対する保険募集については，規制対象から除外されている。

⑥ **保険募集に係る情報提供等**（規則212条２項２号・212条の２第２項２号・212条の５第２項２号）

保険募集を行う銀行等は，引受保険会社の商号等の明示，保険契約に関する情報の提供等に関する指針を定め，公表し，その実施のために必要な措置を講じなければならない。

⑦ **責任者の配置等**（規則212条２項３号・212条の２第２項３号・212条の５第２項３号）

保険募集を行う銀行等は，保険募集に係る法令等の遵守を確保するため，営業所または事業所ごとに責任者を配置し，本店または主たる事務所に統括責任者を配置しなければならない。

重要用語
タイミング規制

⑧　優越的地位の濫用の禁止（規則234条１項７号）

　銀行等が顧客に対して優越的地位にある場合，保険募集等をするについて，この地位を濫用してはならない。たとえば，融資取引のある顧客について保険商品を購入しなければ，融資金を返済せよと迫るなどの行為が禁止されるのである。

⑨　保険募集取引が銀行業務に影響を及ぼさないことに関する説明（規則234条１項８号）

　前記のように銀行等は，優越的地位を濫用して保険募集等をしてはならないが，これを保全するため，銀行等が保険商品を販売するに際しては，保険募集に関する取引が銀行取引に影響を及ぼさない旨の書面を交付して事前に説明しなければならない。

⑩　債務返済困窮時の相談窓口に関する説明義務（規則234条１項11号）

　銀行等は，保険募集に際して債務返済が困難となった場合について，書面交付による説明をしないで，保険契約の申込みをさせることが禁止されている。

⑪　特定関係者による優越的地位の不当利用の禁止（規則234条１項13号）

　銀行等の子会社などの特定関係者が銀行の優越的地位を不当に利用することが禁止されている。前記⑧の潜脱行為を防止する趣旨である。

⑫　保険業法300条１項の禁止行為

　保険業法300条１項は，保険募集に関する以下の行為を禁止している。

　ⅰ）虚偽事実を告知し，または重要な事項を告知しないこと（１号）

　ⅱ）告知義務違反を勧めること（２号・３号）

　ⅲ）不利益事実を告知しないで契約を乗り換えさせること（４

号）

　ⅳ）保険料の割引など特別の利益を提供すること等（5号・8号）

　ⅴ）誤解を招く比較表示（6号）

　ⅵ）不確実な事実について断定的判断を提供すること等（7号）

　ⅶ）その他内閣府令で定める行為（9号）

　規則234条に禁止行為が定められている。

⑬　保険業法の改正

　平成26年6月，保険業法等の一部を改正する法律（平成26年法律第45号。以下「改正保険業法」という）が公布された。改正保険業法は，平成28年5月29日に施行された。

　改正保険業法による改正事項は多岐にわたるが，ここでは銀行の保険窓口販売に大きな影響を及ぼす情報提供義務と意向確認義務について説明する。

　ⅰ）情報提供義務（改正保険業法294条）

　保険募集における情報提供義務は，銀行等の保険募集人等が保険募集を行うに際して，保険契約者や被保険者が保険契約の締結または加入の適否を判断するに必要とされる情報を提供しなければならないという義務を課すものである。より具体的には，以下の事項について情報の提供が義務化されている。

ア）書面による契約概要や注意喚起情報の説明

イ）付帯サービスに関する事項の説明

ウ）乗合代理店（原則として所属保険会社として2社以上の保険会社がある場合）が複数の保険会社の商品について比較・推奨販売を行う場合の情報提供規制

　上記アについては，現在も金融庁所定の保険会社向けの総合的な監督指針において事実上義務化されているので，金融機関にとって負担にはならないと思われる。ただし，義務違反の場合に保

険業法違反となるから，より厳格な行政処分などの対象となることが予測される。

上記イについては，金融機関が自動車保険のロードサービスなどの説明をすることとなる。

上記ウについては，乗合代理店が比較説明を行う場合には，「保険契約者若しくは被保険者又は不特定の者に対して，当該事項であって，これらの者に誤解させるおそれのあるものを告げ，又は表示することを防止するための措置を講じなければならない」とされている（保険業法施行規則227条の14第１項）。この義務は，銀行等の保険代理店にとって，前記顧客の意向確認義務とともに，大きな負担となりそうである。

ⅱ）意向確認義務（改正保険業法294条の２）

新たに保険業法に創設された「意向確認義務」とは，次のような義務である。

銀行等の保険募集人は，保険募集に際して，

ア）顧客の意向を把握し，

イ）顧客の意向に適合した保険契約の締結等の提案を行い，

ウ）その保険契約の内容を説明し，

エ）保険契約の締結等につき，その保険契約が顧客の意向に適合していること

を顧客自身が確認する機会を提供する義務である。

顧客の意向確認について重要なことは，必ず上記アの顧客の意向の確認を先行させることである。つまり，保険契約の提案後に顧客の意向を確認しても，保険業法の義務を尽くしたことにならないということである。

3　民法関連

1　貸手責任・信義誠実の原則

　貸手責任（レンダー・ライアビリティ）とは，融資をした金融機関が当該顧客または第三者に対して融資を行ったことにつき生ずる責任を意味し，米国において構築された概念である。米国において認められた責任は，融資によって企業を支配した金融機関が当該企業が第三者に損害を与えた場合に，その責任を金融機関に及ぼすものと捉えられてきた。しかし，わが国では，かかる責任を認めた裁判例はほとんどない。

　わが国において貸手責任が問題となるのは，①提携ローンにおいて，提携企業との関係の深い金融機関に貸手としての責任が認められる場合，②融資をしていないが，四囲の事情によって融資約束が認められる場合，③融資に関する説明義務違反などがありうる。説明義務と提携ローンについては，前述したので，ここでは融資約束について取り上げる。

▶ 1. 融資契約の成立

　融資契約は，民法上の金銭消費貸借契約（民法587条）であり，従来から要物契約とされていたが，民法改正によって書面による金銭消費貸借契約については，諾成契約（諾成的消費貸借契約）が原則とされた（同法587条の2）。そこで，諾成的消費貸借を念頭に考える。民法上の契約は，一方当事者の申込みがあり，相手方当事者が申込みの内容を承諾することによって成立する（同法521条〜527条）。金融実務においては，顧客から融資申込みが書

関連過去問題
〈2級〉
✎ 2023年(10月)問15
✎ 2023年(6月)問15
✎ 2022年(10月)問15
〈1級〉
✎ 2023年(10月)問3
✎ 2022年(10月)問5
✎ 2018年(10月)問4

📖 重要用語
貸手責任（レンダー・ライアビリティ）

📖 重要用語
金銭消費貸借契約

📖 重要用語
要物契約
金銭の引渡しがあって成立する契約
諾成契約
当事者の金銭消費貸借に関する合意だけで成立する契約

第2編

面でなされ，金融機関が内部稟議を経由したうえで，承諾をすれ
ば，承諾の意思表示があった時に契約が成立する。契約が成立し
た場合，金融機関には当該金額を融資する義務が生ずる。したが
って，融資契約の成立が重要な事実となる。なお，金融機関が内
部稟議の結果，申込金額の一部について融資すると決定し，これ
を顧客に通知したような場合は，金融機関が当初の申込みを拒絶
し，新たな申込みをしたものとみなされる（同法528条）。

▶ 2. 融資契約違反

上記のように，融資契約が成立したのであれば，金融機関は，
融資をしなければならない。もし，融資契約をしたにもかかわら
ず，融資をしない場合には，金融機関が債務不履行責任を問われ，
損害賠償義務を負うことになる（民法415条）。

金融機関にとって悩ましいのが，金融機関として確定的な承諾
をしたわけではないにもかかわらず，融資約束をしたと取られる
ような事情があり，顧客との間で紛争となることである。実際，
裁判となった事案で，銀行の支店が顧客に依頼され，官庁に提出
するために融資証明書を発行したが，本部稟議を取れずに承諾を
拒絶して一部融資の申込みをした事件では，銀行に多額の損害賠
償責任が認められたものがある。融資申込みを受けた金融機関と
しては，承諾が不確定な段階で融資証明書を発行するなどの承諾
と取られかねない紛らわしい行為をすべきではないのである。

▶ 3. 信義誠実の原則・契約締結上の過失

民法１条２項は，信義誠実の原則（以下「信義則」という）を
定める。信義則は，説明義務の項で述べたように，契約関係など
の一定の関係にある当事者間で契約の隙間を埋めるために利用さ
れる概念である。すなわち，同項は「権利の行使及び義務の履行
は，信義に従い誠実に行わなければならない」と定めているから，
具体的な契約条項に説明義務が記載されていないとしても，金融

重要用語
債務不履行責任

重要用語
損害賠償義務

重要用語
信義誠実の原則

機関はその義務履行（融資や金融商品の販売）をするに際して，説明義務を負うというように利用されるのである。そして，この理屈は，融資契約の成立についても妥当する。融資契約が成立していないとしても，金融機関は信義則に従って誠実に行動しなければならず，融資約束をしたような外形があり，これを相手方が信頼して損害を受ければ，融資約束が認められない場合にも，金融機関側に「契約締結上の過失」があるとして，損害賠償責任が認められることがある。「契約締結上の過失」という概念は，信義則の具体的発現形態であり，契約が成立していない場合にも責任を認める規範となるのである。

融資契約をしたにもかかわらず，融資をしない場合には金融機関が債務不履行責任を問われ，損害賠償義務を負う。

2　権利濫用の禁止・公序良俗違反

▶ 1. 権利濫用の禁止

①　意義と効果

権利濫用とは，外形上権利行使のようにみえるが，具体的事案に即してみるときは，権利の社会性に反し，権利の行使として是認することのできない行為である。そして，民法1条3項は，「権利の濫用は，これを許さない」として権利濫用を禁止している。権利濫用とされた場合の効果については，次のように考えることができる。

ⅰ）当該権利行使が適法であれば，本来与えられるべき法的効果が生じない。

ⅱ）権利の行使が濫用と認められる場合に当該行為によって相

関連過去問題
〈2級〉
✐ 2023年(10月)問13
✐ 2023年(6月)問13
✐ 2022年(10月)問13
✐ 2022年(6月)問13

重要用語
権利濫用

手方（第三者）に損害が生じていれば，不法行為となって損害賠償責任が発生することになる。

② 要件

権利濫用の要件だが，上記のように具体的事案に即してみる必要があるため，すべての場合に通じる具体的基準を立てることは難しいが，一般的な要件として以下の２つがある。

ⅰ）権利の行使によって生ずる権利者個人の利益と相手方または社会全体に及ぼす害悪との比較衡量という客観的側面

ⅱ）関係当事者の主観的態様という主観的側面

これらを総合的に考慮して判断するのである。

③ 具体例

金融機関の行為が権利濫用の禁止に抵触することは少ないが，以下のような事案では問題となりうる。

ⅰ）過大な拘束性預金

ⅱ）複数の預金がある場合で別の債権者が差し押さえた預金のみを対象として債務者の依頼を受けて相殺すること

ⅲ）信用保証協会が求償債権取得後10年余り経過してから保証人に対し，求償金返還請求訴訟を提起すること（和歌山地田辺支判平成９・11・25金融・商事判例1057号49頁）

▶ 2. 公序良俗違反

民法90条は，「公の秩序又は善良の風俗」に反する行為を無効と定める。本来，私人間の関係は，「契約自由の原則」が妥当するから，当事者間で自由に内容を定めることができる。しかし，その内容が社会的妥当性に反する場合にまで有効とすることは許されないのである。

公序良俗違反の行為が無効というのは簡単な論理であるが，具体的な適用の限界については難しい問題がある。

一般の金融機関の行為が公序良俗違反とされることはあっては

関連過去問題

〈2級〉
2023年(10月)問14
2023年(6月)問14
2022年(10月)問14
2022年(6月)問13・14

重要用語
契約自由の原則

重要用語
公序良俗違反

ならないのであるが，たとえば，賭博資金や売春施設建設を資金使途とする融資契約は無効となる。問題となるのは，顧客側の内心（動機）に公序良俗違反の目的があり，金融機関がそれを知らない場合である。かかる場合に契約を無効とすると，金融機関の保護に欠けるから当該契約は有効となる。つまり，相手方当事者が知り得ない動機が公序良俗違反となる場合には，無効とされないのである。

公序良俗に違反する使途に使用されることを知って締結された融資契約は，無効である。

関連過去問題
〈2級〉
✎ 2023年(10月)問42
✎ 2023年(6月)問42・44
✎ 2022年(6月)問42
〈1級〉
✎ 2023年(6月)問9
✎ 2022年(6月)問3
✎ 2021年(10月)問9
✎ 2018年(10月)問9

3 成年後見制度

平成11年に民法が改正され，成年後見制度が導入された。従来の民法で禁治産者，準禁治産者とされていた無能力者が制限行為能力者とされ，成年被後見人，被保佐人，被補助人に整理された。また，「任意後見契約に関する法律」（以下「任意後見契約法」という）と「後見登記等に関する法律」（以下「後見登記法」という）が併せて施行され，任意後見契約と後見登記が制度化された。以下，制限行為能力者の各類型，任意後見制度，後見登記および第三者保護について説明する（以下で引用する条文は，特に断りのない限り民法である）。

▶ 1. 補 助

① 意 義

軽度の認知症，知的障害，精神障害などの状態にある者を対象とする制度が補助であり，民法では「精神上の障害により事理を弁識する能力が不十分である者」とされている（15条）。従来の準禁治産宣告の要件である心神耗弱の状態に至らない程度の者を

📖 重要用語
成年後見制度

📖 重要用語
制限行為能力者

📖 重要用語
任意後見契約に関する法律

📖 重要用語
後見登記等に関する法律

📖 重要用語
補助

保護するために改正民法で新たに導入されたのが補助制度ということができる。

② 要件と手続

補助制度を利用するには，家庭裁判所の審判手続を経る必要があるが，それには本人に上記のような障害がなければならない。

家庭裁判所に補助開始審判の申立ができるのは，本人，配偶者，4親等以内の親族，後見人，後見監督人，保佐人，保佐監督人または検察官である。そして，本人以外の者が申立をするには，本人の同意が必要である。

補助開始の審判は，家庭裁判所が行い補助人を選任するのであるが（16条・876条の7），被補助人の能力は一律ではないので，家庭裁判所が特定の行為を指定して（不動産の売買や融資を受けることなど），被補助人が当該行為をする場合には補助人の同意を得ることを要する旨の審判をする（17条1項）。また，家庭裁判所は，補助人に特定の行為について代理権を与えることもできる（876条の9）。補助人に代理権を付する場合にも本人の同意が必要である。

③ 効 果

上記のように，補助人には同意権がある。そして，被補助人が同意を要する行為につき，補助人の同意を得ないで行った場合には，当該行為を取り消すことができる（17条4項）。また，代理

権が付与された補助人には代理権がある。取消権が行使されると，当該行為が最初からなかったことになる。したがって，融資であれば，銀行が利息を返還し，被補助人が融資金を返還することになるが，制限行為能力者については，利益が現存する限度で返還すれば足りる（121条の2第3項）。たとえば，被補助人が貸金を浪費し，手元に利益が残っていなければ返還義務を免れることに注意すべきである。

④　補助監督人

　補助人を監督する必要がある場合や補助人と被補助人の利益が
相反する場合には，家庭裁判所は補助監督人を選任できる（876
条の8）。

▶ 2. 保　佐

①　意　義

　精神上の障害により事理を弁識する能力が著しく不十分な者を
対象とする制度が保佐である（11条）。従来の準禁治産に対応す
る制度であるが，従来準禁治産者とされていた浪費者は対象から
外れた。

②　要件と手続

　上記のような状況にある者が家庭裁判所によって審判を受ける
のであるが，簡単な取引ができても，民法13条1項に列挙されて
いるような取引については自分で判断できないと思料されること
が要件となる。

　保佐開始の審判も本人等が申立の請求をすることによって行わ
れる（11条）。なお，補助と異なり，本人の同意は不要である。
そして，補助と異なり民法に保佐人の同意を要する行為が列挙さ
れているが（13条1項），必要であれば家庭裁判所が追加するこ
ともできるし（同条2項），代理権を与えることもできる（876条
の4）。

③　効　果

　保佐開始の審判がされると，保佐人が付される（12条）。

　被保佐人は，13条1項に列挙された重要な財産行為（金融実務
との関係では，借財または保証をすることが重要である）につい
ては，保佐人の同意を得る必要がある。すなわち，保佐人には同
意権があり，被保佐人が同意を要する行為につき，保佐人の同意
を得ないで行った場合には，当該行為を取り消すことができる

重要用語
補助監督人

重要用語
保佐

第2編

重要用語
保佐人

重要用語
同意権

（13条4項）。また，代理権が付与された保佐人には代理権がある
（876条の4）。

④ 保佐監督人

上記補助制度で述べたと同様に保佐監督人が選任されることが
ある（876条の3）。

▶ 3. 後 見

① 意 義

精神上の障害により事理を弁識する能力を欠く者を保護する制
度が後見制度である（7条）。従来の禁治産制度に該当する。

② 要件と手続

上記の常況にある者につき，本人や家族などから請求がされ，
審判開始となる（7条）。本人の同意は不要である。

③ 効 果

後見開始の審判がなされると，成年後見人が付される（8条）。
そして，後見開始によって本人の行為能力が制限される。成年
被後見人の行為は取り消すことができるのである（9条本文）。た
だし，日用品の購入その他日常生活に関する行為については取消
の対象とならない（9条ただし書）。

成年後見人は，包括的な代理権を有する（859条）。ただし，居
住用建物の処分などの本人の生活に重要な影響を与える取引につ
いては，家庭裁判所の許可を必要とする（859条の3）。なお，後
見人は，個々の事案によって家庭裁判所から選任されるが，法人
が選任されることもある（843条4項）。

④ 後見監督人

前記補助制度で述べたと同様に後見監督人が選任されることが
ある（849条）。

後見，保佐，補助のそれぞれの意義や要件，効果を明確に把握しておきましょう。

▶ **4. 後見登記制度**

補助，保佐および後見については，審判内容などが法務省の後見登記ファイルに登記される。また，後見登記がされていないことの証明書も発行される。ただし，事柄が重要な個人情報に及ぶため閲覧制度がなく，閲覧に代わる登記事項の証明書の交付請求ができるのは，本人等に限定されているから，金融機関が独自に調査することはできないことに注意すべきである。本人などから任意に証明書の提出を受けるほかないのである。

成年被後見人等の登記事項証明書の交付を請求できる者は，本人等に限定され，金融機関は交付を請求することはできない。

▶ **5. 任意後見制度**

任意後見制度とは，本人が正常な判断能力を有している間に将来のことを考えて，事前に特定者（任意後見人）に代理権を与える契約を締結する制度である。

任意後見契約は，公正証書で作成する必要があり，その内容も法定されている（任意後見契約法3条）。注意すべきは，任意後見契約の効力が発生するのが，家庭裁判所によって任意後見監督人が選任された時点とされていることである（同法2条1号）。

▶ **6. 第三者保護制度**

① **制限行為能力者の詐術（21条）**

制限行為能力者が行為能力者であることを信じさせるため詐術を用いた場合には，制限行為能力者の取消権が排除される。ここに「詐術」とは，積極的な言動まで必要としないが，単なる黙秘

関連過去問題

〈2級〉
2022年（10月）問43
2022年（6月）問43

重要用語

後見登記ファイル

関連過去問題

〈2級〉
2023年（10月）問43
2023年（6月）問43
2022年（10月）問42
〈1級〉
2022年（10月）問8
2020年（10月）問10

重要用語

任意後見制度

重要用語

任意後見人

重要用語

公正証書

だけでは足りず，それが他の言動と相俟って行為能力者と信じさせることである。そして，相手方が行為能力者と信じて取引をすれば，当該取引を取り消すことができなくなるのである。

② 相手方の催告権 (20条)

制限行為能力者の相手方は，その行為が取り消されるか否か不明な状態となり，不安定な状況におかれる。そこで，かかる状況を解消するために催告権が認められた。すなわち，相手方は，一定期間を定めて制限行為能力者に対し，追認するか否かの確答を促すことができる。確答なき場合には，追認可能な場合には追認，追認できない場合には取消の効果があったものとみなされるのである。

4 善管注意義務

関連過去問題
〈2級〉
✎ 2023年(10月)問11
✎ 2023年(6月)問11
✎ 2022年(10月)問11
✎ 2022年(6月)問11
〈1級〉
✎ 2023年(10月)問4
✎ 2021年(10月)問4
✎ 2019年(6月)問3

重要用語

善管注意義務

▶ 1. 意　義

善管注意義務とは，民法644条に定める「善良な管理者の注意義務」のことである。第1編2−1において金融機関の取締役等が善管注意義務を金融機関に対して負っていることを説明しているが，金融機関の顧客に対する善管注意義務が問題となることもある。

善管注意義務の内容は，個々の業務内容や当該職員等の地位または職種等によって異なるが，通常，「その職業，その属する社会的，経済的地位などにおいて一般的に要求されるだけの注意義務」と説明される。すなわち，その者の個人的な資質や能力を基準とする注意義務ではなく，それらを超えた注意義務であるとされているのである。金融実務に即して考えると，金融の専門家である金融機関の職員である以上，当然，一般人より高い注意義務に服しているのである。

たとえば，印鑑照合などにおいても，当該業務に習熟している
はずの金融機関職員であるために一般人以上の厳格な注意が要求
されることもある（最判昭和46・6・10金融・商事判例267号
7頁）。

なお，民法上，善管注意義務の反対概念として「自己の財産に
対するのと同一の注意義務」（659条）がある。この注意義務は，
無償で他人物の寄託を受けた者が当該物に対して負担する義務で
あり，他人物であるものの無償であるために自己の財産管理と同
一の注意義務で足りるとされているのである。したがって，善管
注意義務よりも軽い義務である。

▶ 2. 問題となる業務

金融機関またはその職員の業務等において，善管注意義務が問
題となる業務は，次のとおりである。

① 預金の払戻し

上記のように，窓口における預金の払戻しにつき，金融機関は
顧客に対し，善管注意義務を負っている。したがって，職員は印
鑑照合を慎重に行う必要がある。預金払戻しについては，民法478
条の「受領権者としての外観を有する者に対する弁済」によって
金融機関が善意（真実の権利者でないことを知らなかったこと）・
無過失（知らなかったことに過失なきこと）でなければならない
が，これは金融機関が善管注意義務を果たしていることを前提に
している。

② 異議申立手続

手形取引において手形債務者が異議申立を行うことがあり，こ
の手続を金融機関が受任することがある。これは委任契約である
から，まさに金融機関は上記善管注意義務を負っていることにな
るが，他の手形が資金不足により不渡りとなったので，金融機関
が債務者の承諾を得ないで異議申立を取り下げた事案について，

📖 重要用語
印鑑照合

📖 重要用語
受領権者として
の外観を有する
者に対する弁済

📖 重要用語
異議申立

第2編

善管注意義務違反があるとして，金融機関の責任が認められた裁判例がある（仙台高決平成10・2・4金融・商事判例1038号3頁）。

③ ファイナンシャル・プランナー（ＦＰ）業務

金融機関が顧客に対して行うＦＰ業務は，顧客の資産の運用等に関して専門的知識を駆使する業務であるから，当然善管注意義務が問題となる。

善管注意義務が問われる業務について，把握しておこう。

5 守秘義務

関連過去問題
〈2級〉
🖊 2023年(10月)問12・46
🖊 2023年(6月)問12・46
🖊 2022年(10月)問12・45
🖊 2022年(6月)問12・46
〈1級〉
🖊 2023年(6月)問4
🖊 2022年(10月)問9
🖊 2022年(6月)問9
🖊 2021年(6月)問9
🖊 2019年(10月)問4

▶ 1. 意 義

守秘義務とは，金融機関が顧客との取引およびこれに関連して知り得た情報を正当な理由なく，第三者に開示してはならないという法的義務である。

金融機関は，多くの取引を通じて多数の顧客情報，特にその経済的な実態に関する情報を得ており，情報を蓄積しているという実情がある。他方，高度情報化社会が達成された現状においては，個人または法人のプライバシー権が自己の情報をコントロールする権利と把握されるに至り，憲法上の人権（憲法13条の幸福追求権）と意義付けられている。このような状況下にあって，金融機関およびその役職員に課せられた守秘義務の遵守は，対顧客関係において最重要事項であると意義付けることができる。

それでは，守秘義務の根拠は，いかなる点に求められるか。この問題については諸説あるが，平成19年12月11日の最高裁決定は，商習慣または契約に基づいて守秘義務を負っているとしてい

る。

　なお，個人情報については，平成15年の国会において「個人情報の保護に関する法律」（以下「個人情報保護法」という）が成立し，平成17年4月1日から全面的に施行されている。

▶ 2. 義務違反の効果

　守秘義務に違反すると，契約違反としての債務不履行（民法415条）または不法行為（同法709条）に該当し，損害賠償責任が発生する可能性がある。

▶ 3. 例　外

　上記のように，金融機関は守秘義務を負っているが，例外も認められる。すなわち，「正当な理由」があれば，顧客情報を第三者に開示しても責任を問われないのである。そして，その例外が問題となるのは，以下の事項である。

　　①　顧客の同意

　守秘義務によって保護される情報の主体は，顧客であるから，当該顧客が情報開示に同意していれば，守秘義務が免除される。

　　②　権利行使

　金融機関が顧客に対し，法的措置をとる場合，裁判所へ顧客の資産状況などを証拠または疎明資料として提出することがある。たとえば，延滞によって期限の利益を喪失した顧客の資産に仮差押えをする場合などである。このような場合には，金融機関の権利行使に必要な限度で守秘義務が免除される。権利行使は正当行為だからである。

　　③　強制捜査

　刑事事件では，刑事訴訟法に基づく強制捜査が行われることがある（刑事訴訟法218条1項）。金融機関の店舗に裁判所の発令した令状を持参して関係書類などを差し押さえるのである。強制捜査であるから金融機関の守秘義務は当然免除される。

重要用語
不法行為

重要用語
損害賠償責任

参照
銀行間の信用照会制度，子会社等との情報交換および個人情報保護法の例外措置については，第3編において詳述するので参照されたい。

重要用語
強制捜査

④ 任意捜査（調査）

　刑事事件の捜査方法には，令状によらない任意捜査も行われる（刑事訴訟法197条2項）。任意であるから，金融機関側は守秘義務を根拠に書類等の提出を拒絶できるが，任意捜査に協力しても，その捜査が適法であれば，守秘義務違反に問われることはないであろう。捜査に協力することは，正当な理由があると解されるからである。

　また，金融機関は，任意の税務調査を受けることが多い。金融機関の情報は，税務当局にとって重要だからである。そして，税務調査は，国税通則法に根拠があるから，調査が適法であれば，協力しても守秘義務違反に問われることはない。適法な税務調査に協力することは正当な理由となるからである。しかし，その調査内容が不明確で広範な範囲に及ぶ場合には，本部等と協議すべきである。

⑤ 弁護士会の照会請求

　弁護士会から金融機関の顧客情報について照会請求がされることがある。この照会請求は，弁護士法23条の2に依拠する制度であり，個々の弁護士からの申出があれば，金融機関等に弁護士会の会長名義で照会がされるものである。金融機関が回答を留保しても罰則があるものではないが，平成28年10月18日の最高裁判決によれば，正当な理由なき限り金融機関には報告義務があるとされていることから，特に債務名義を有する債権者が依頼者となって債務者の預金口座について照会しているケースでは，前向きに検討すべきであると解される。

⑥ その他

　裁判所からの文書提出命令，国会の国政調査権に基づく記録等の提出請求などについては，正当な理由があると思料されるが，具体的事案に即して慎重に考慮すべきであろう。

弁護士会からの照会請求に対しては，正当な理由がない限り，金融機関に報告義務があるとされている。

6 使用者責任

▶ 1. 意　義

　金融機関の役職員の不祥事件（不法行為）を原因として第三者（顧客を含む）が損害を受けたときに，金融機関が第三者に責任を負う制度を使用者責任という（民法715条）。

　使用者責任の根拠は，報償責任制度にあると説明される。すなわち，他人を使用して事業を拡大し，収益を得ている者は，その反面，第三者に対し，被用者が事業の執行に関して行った不法行為の責任を負担することに合理性があると考えられるのである。

▶ 2. 成立要件

　使用者責任の成立要件は次のとおりである（民法715条1項）。

　ⅰ）使用者と被用者に使用関係があり，

　ⅱ）被用者が事業の執行に関して，

　ⅲ）違法に第三者に損害を与えること

　第一の「使用関係」については，比較的問題が少ないであろうが，金融機関と被用者との関係は，役員のような委任契約であろうと，職員のような雇用契約であろうと構わない。また，アルバイト，臨時雇いまたは試用期間中であってもよい。現実に金融機関に使用されていればよいのである。

　次に，「事業の執行」という要件であるが，これを厳格に解すると第三者の保護に欠け，広範囲に認めることは報償責任の趣旨からみても妥当ではないのだが，裁判実務においては，第三者保護

関連過去問題

〈2級〉

✏ 2023年(10月)問16
✏ 2023年(6月)問16
✏ 2022年(10月)問16
✏ 2022年(6月)問15

重要用語

使用者責任

という観点から広範囲に認められている。そして，現実に問題となった被用者の職務についても，裁判実務では緩和され，外形的に職務の範囲内と判断できればよいとされている（外形標準説）。したがって，金融機関の役職員が自己の職務と何らかの関連のある不法行為で第三者に損害を与えれば，金融機関が損害賠償責任を負う可能性が高い。たとえば，集金中の職員が信号を無視した歩行者と喧嘩となったようなケースでも，使用者責任の生ずる可能性がある。

　第三の要件では，被用者に不法行為責任が成立し，第三者に損害が発生する必要があることに留意すべきである。すなわち，使用者責任は，被用者の不法行為責任を前提としているのである。したがって，被用者に故意または過失が認められない場合や正当行為として違法性が阻却されるような場合には，使用者責任も認められない。

使用者と被用者の使用関係は，委任契約や雇用契約に限られず，アルバイト，パートタイマーまたは試用期間中の者についても認められる。

▶ 3. 使用者側の抗弁事由（消極的要件）

① 　使用者の無過失（民法715条１項ただし書）

　使用者が被用者の選任および監督につき，相当な注意をしたこと（無過失）を立証すれば使用者責任を免れる。その意味で使用者責任もまた過失責任なのである（民法における過失責任の原則）。しかし，現実に金融機関などの大規模な使用者においては，選任についてはともかく，監督についてまで過失がなかったと認定されることはないであろう。

② 　取引的不法行為における相手方の主観的態様

　取引的不法行為，すなわち，金融取引に名を借りた詐欺事件な

どにおいては，被害者である相手方の主観的な態様が使用者責任の成否を分ける。相手方において，役職員の当該不法行為が金融機関の事業（役職員の職務）ではないことを知っていた場合（悪意），または，知らなかったことに重過失（著しい注意義務違反）があった場合には，使用者責任が成立しない。悪意または重過失ある者を保護する必要がないからである。

▶ 4. 使用者責任の効果

① 損害賠償責任

使用者責任が成立すれば，使用者に損害賠償責任が生ずる。そして，不法行為を行った被用者との関係は，不真正連帯債務となると解されている。

② 使用者の求償権（民法715条3項）

民法715条3項は，被害者に対して賠償した使用者からの被用者に対する求償権の行使を妨げないと定めている。したがって，使用者は被用者に求償できるのであるが，裁判実務では求償権が制限されることが多い。全額求償を認めることは，被用者に酷な結果となるからである。

この問題につき，最高裁は，「使用者がその事業の執行のための被用者の加害行為による損害を負担した場合は，使用者は，その事業の性格，規模，施設の状況，被用者の業務内容，労働条件，勤務態度，加害行為の態様等に照らして，損害の公平な分担という観点から，信義則上，妥当と考えられる限度で求償できる」と判示している（最判昭和51・7・8民集30巻7号689頁）。要するに全額求償は認められない場合が多いのである。

補足

なお，被害者に重過失がない場合にも，過失があれば過失相殺の対象となり，使用者責任の損害賠償額が減額されることがある（民法722条2項）。

重要用語
悪意

重要用語
重過失

第2編

重要用語
求償権

7 保 証

関連過去問題
〈2級〉
✎ 2023年(10月)問48
✎ 2022年(10月)問47
〈1級〉
✎ 2021年(6月)問10
✎ 2019年(6月)問9

▶ 1. 根保証

　根保証とは，一定の範囲に属する不特定の債務を主たる債務とする保証契約である（民法465条の2）。金融機関は，以前から特に主債務者が中小企業の場合，債務者の代表者を根保証人とする傾向がある。わが国の中小企業においては，ワンマン経営者が多く，このような企業では会社資産と個人資産が渾然一体となっていることが多いからである。

　根保証については，中小企業融資の活性化および中小企業事業者の負担減少の観点から，平成16年の民法改正において，根保証が制度化され，特に貸金債務を主債務とする根保証に関する契約の制限がなされるに至った。

　まず，保証契約は，書面でしなければ，その効力を生じないものとされた（民法446条2項）。金融機関が保証契約を行う場合，保証人から保証書を徴求するから，実務的に問題とならないが，留意すべきであろう。なお，電磁的記録は書面とみなされる（同条3項）。

　また，従前の金融実務においては，根保証には，被保証債務の範囲につき，何らの限定を設けない包括根保証，何らかの限度を設ける限定根保証があり，後者には，保証額に上限のある限度（極度）付根保証，期間に制限のある期限付根保証，取引（当座，手形貸付に限定など）に制限のある取引別根保証などがあった。しかし，中小企業経営者等の保証人について厳しい実務的運用がされていたことから，平成17年4月1日に施行された改正民法において，法的規制がなされることとなったことは前記のとおりである。

　従来の実務では，根保証契約は，包括的根保証契約であっても，

原則として有効とされていたが，改正民法によれば，極度額を定めなければ効力を生じないとされている（同法465条の2第2項）。ただし，元本確定期日または確定事由について，特則がある。すなわち，元本確定期日とは保証期間であって，契約締結日から5年以内の特定日をもって元本が確定する日を定めることができるが（465条の3第1項），これを定めなかった場合には，契約日から3年後の日をもって元本確定期日とされたのである（同条2項）。次に，元本確定事由であるが，①債権者が，主たる債務者または保証人の財産について強制執行または担保権の実行を申し立てた場合，②主債務者または保証人が破産した場合，③主債務者または保証人が死亡した場合には，保証債務の元本が確定するのである（465条の4）。

▶ 2. 第三者保証の制限

　平成23年の監督指針の改正により経営者以外の第三者から個人連帯保証を徴求することが原則として禁止されたところであるが，令和2年4月1日に施行された民法は，事業のための借入債務を主債務とする貸金等債務について，第三者が保証人になるためには，保証人予定者が公証役場に赴き，公証人に対して，その保証意思を明示して，公証人が保証意思宣明公正証書を作成しなければならないとの規律を創設した（民法465条の6）。

　具体的には，主債務者が法人の場合の理事，取締役，執行役やこれらに準ずる者，または総株式の議決権の過半数を有するなどの会社の支配者（株式会社以外の法人にあってはこれらの者に準ずる者）もしくは主たる債務者が個人自営業者の場合には共同事業者または主債務者の業務に従事している配偶者以外の第三者が保証人となろうとする場合には，保証契約締結の1か月前以内に作成された公正証書で当該保証人となろうとする者が公証人に保証債務を履行する意思を表示していなければ，保証契約はその効

力を生じない（民法465条の６第１項）。

▶ 3. 会社の保証行為と取締役会決議

① 多額の借財に該当する場合

旧商法においては，会社の業務に関する意思を決定するのは，取締役会とされていた。そして，旧商法260条２項は，取締役会の決議事項として「多額の借財」をあげていた。したがって，多額の債務保証を株式会社が行うには，取締役会の決議が必要だった（ただし，大会社では重要財産委員会による決議も認められていた）。

ところが，平成17年に成立した会社法では，機関編成が大幅に柔軟化され，取締役会を設置しない株式会社も認められることになり，重要財産委員会も廃止されて，特別取締役による決議へと改正された。そこで，金融機関が会社との間で当該会社にとって金額が多額の保証契約を締結するには，取締役会設置会社においては，取締役会の決議が必要となり（会社法362条４項２号），特別取締役による取締役会の制度を採用している会社では当該特別取締役の決議が必要となる（同法373条１項）。したがって，金融機関としては，商業登記を閲覧することにより，取締役会の有無，特別取締役制度の採用の有無を確認したうえで，保証契約締結の決議の存在を証明する議事録等を徴求すべきである。

他方，取締役会非設置会社においては，多額の保証契約をするには，株主総会の決議が必要となる可能性がある。かような株式会社においては，株主総会が経営意思を決定することができるからである（会社法295条１項）。また，多額の借財でない場合にも，取締役が複数いる会社では，会社の業務に関する意思決定を取締役の過半数をもって決するとされている（同法348条２項）から，過半数の賛成があったことを示す書面を徴求することになろう。

② 利益相反取引に該当する場合

　株式会社の取締役の保証人に当該株式会社がなる場合には，取締役と会社との利益相反行為となるから，取締役会設置会社では，取締役会の決議が必要となる（会社法365条1項）。さらに，取締役会非設置会社では，株主総会の決議事項とされているから，株主総会決議が必要となる点に注意すべきである（同法356条1項3号）。これらの場合にも，株主総会または取締役会の決議がない場合には，当該保証契約が無効になる可能性がある。

　上記のような場合，金融機関としては，保証契約につき承認決議のある株主総会議事録または取締役会議事録を徴求すべきである。

8　職員による代筆

▶ 1. 代筆の問題点

　金融機関の職員が顧客に代わって書類の記載を行うことには問題がある。このような代筆が行われると，後日紛争が発生した場合に職員による文書偽造があったなどと主張される可能性が高いからである。特に，顧客が行うべき署名については絶対に職員による代筆は許されないとされていた。

　ところが，平成22年12月28日に監督指針が改正された。この改正は，身体等に障がいのある顧客の利便性を確保するための施策に関するものであり，職員による代筆を行う態勢を整備し，十分な対応を行うべきとするものである。したがって，各金融機関は従来のように職員による代筆を禁止するのではなく，次項で述べるような態勢を確保すべきである。

▶ 2. 金融機関の対応策

① 監督指針の概要

監督指針は，業務運営態勢等につき，預金取引および融資取引

関連過去問題
〈2級〉
🖊 2023年(10月)問47
🖊 2023年(6月)問47
🖊 2022年(10月)問46
〈1級〉
🖊 2022年(10月)問10
🖊 2018年(10月)問10

📖 重要用語

代筆

を対象に金融機関の職員や当該障がい者が指定する者の代筆を許す態勢を整備することを目的に，社内規則等において代筆手続を定めることを求めている。より具体的には，ⅰ）自筆困難者の意思表示の内容を記録として残すこと，ⅱ）親族や同行者が代筆した場合は，銀行の職員が複数で代筆内容を確認したうえで，その確認したという事実を記録として残すこと，ⅲ）銀行の職員が代筆した場合は，複数の職員が確認したうえで，その確認したという事実を記録として残すことである。

② 対応方法

金融機関は，監督指針に則った代筆態勢の整備を行う必要がある。具体的な対応方法としては，上記監督指針の内容を規則等に規定して，当該手続に従った代筆を行うことであるが，次の諸点に留意すべきである。

ⅰ）必ず複数の職員で対応すること。

ⅱ）代筆の意思表示について，本人の言葉を忠実に記録すること（録音や録画等を利用するとよい）。

ⅲ）融資取引については，後日の債務否認等の紛争を回避するため，その資金使途に注意し，職員の代筆は行わず，できれば推定相続人全員の同意を得ること。

ⅳ）預金取引における職員による代筆は，他に代筆する者がいない場合に限定して行うこと。

銀行の職員が代筆をした場合は，複数の職員が確認したうえで，その確認をしたという事実を記録として残す。

9 偽造・盗難カードにおける預貯金者の保護

▶ 1. 立法の背景

　平成17年に制定された「偽造カード等及び盗難カード等を用い
て行われる不正な機械式預貯金払戻し等からの預貯金者の保護等
に関する法律」（以下「預貯金者保護法」という）が平成18年2
月より施行されている。

　この法律が制定された背景には，①盗難カードおよび偽造カー
ドによる不正払戻事件の激増，②銀行に対して厳しい世論動向が
あると推測できる。盗難通帳と偽造印鑑を使用した不正払戻事件
では，金融機関の窓口における注意義務を厳格に適用することに
よって，被害者を救済できるが，ＡＴＭによる不正払戻しについ
ては，現行制度では，被害者である預金者を救済できないからで
ある。

▶ 2. 法律の概要

　まず，預貯金者保護法の適用範囲は，以下のとおりである。

　①　人的範囲

　ⅰ）保護されるのは個人顧客

　ⅱ）義務を負うのは金融機関（銀行等の預貯金受入機関）

　②　取引範囲

　ⅰ）偽造カード等によるＡＴＭを利用した預貯金払戻しおよび
金銭借入

　ⅱ）盗難カード等によるＡＴＭを利用した預貯金払戻しおよび
金銭借入

　次に，偽造カード等における特例制度は，以下のとおりである。

　③　民法478条の適用除外

　民法478条は，受領権者としての外観を有する者に対する弁済
につき，債権者らしい外観を有する者に対し，債務者が債権者で

関連過去問題
〈2級〉
🖊 2023年(10月)問38
🖊 2023年(6月)問37
🖊 2022年(10月)問38
🖊 2022年(6月)問37
〈1級〉
🖊 2023年(10月)問8
🖊 2021年(6月)問8

第2編

ないことに善意かつ無過失で支払った場合には，免責を受けられるという規定であるが，預貯金者保護法では，偽造カード等によるＡＴＭを利用した払戻し等には，この規定の適用がなく，金融機関が免責を受けられないものとされている（預貯金者保護法3条）。

　金融機関が免責されるには，払戻し等が預貯金者の故意に基づく場合，または，払戻しについて金融機関が善意無過失で預貯金者に重大な過失があることを立証した場合に限られる（預貯金者保護法4条）。

　預貯金者の故意とは，当該不正払戻しに預貯金者が関与した場合など，預貯金者が払戻しを認容した場合である。また，重大な過失とは，著しい注意義務違反を意味する。

④　盗難カード等における損害補てん

　盗難カード等によるＡＴＭを利用した払戻しについては，金融機関が損害を補てんするものとされている（預貯金者保護法5条1項）。

　すなわち，預貯金者が以下の3要件を備えている場合には，金融機関に損害補てん義務が生ずるのである。

ⅰ）自己のカード等が盗まれたと認めた後，速やかに金融機
　　関へ通知を行ったこと
ⅱ）金融機関の求めに応じて，遅滞なく，盗まれた事情その
　　他の状況について十分な説明を行ったこと
ⅲ）金融機関に対し，捜査機関に対して盗取に係る届出をし
　　ていることを申し出たこと，その他盗取が行われたことが
　　推測される事実として内閣府令で定めるものを示したこと

ただし，例外として金融機関が
ⅰ）盗難カード等による不正な払戻し等ではなかったこと

ⅱ）故意に不正な払戻し等をさせるために預貯金者が他者にカードを渡したこと

などのいずれかを証明した場合には，補てん義務を免れる（預貯金者保護法5条2項）。

さらに，金融機関が不正な払戻しについて善意無過失であって

ⅰ）預貯金者に重過失があったこと

ⅱ）当該払戻しが預貯金者の配偶者，2親等以内の親族，同居の親族その他同居人または家事使用人によって行われたこと

ⅲ）預貯金者が金融機関に対する説明において重要な事実について偽りの説明を行ったこと

のいずれかを証明した場合にも，補てん義務を免れる（預貯金者保護法5条3項）。

次に，補てんの範囲であるが，金融機関が不正な払戻しにつき，善意無過失であり，預貯金者に過失があれば，補てん義務が4分の3に軽減される（預貯金者保護法5条2項ただし書）。なお，預貯金者の過失であるが，自宅や自家用車に施錠しないでカードを盗まれた場合，暗証番号についてメモをカードと一緒に置いていた場合，金融機関から再三にわたり生年月日等のわかりやすい暗証番号を変更せよと告知されていたにもかかわらず，変更していなかった場合などが考えられる。

⑤　強行規定

前記①および②の規定は，強行規定であるから，これに反して預貯金者に不利益な約定等はすべて無効である（預貯金者保護法8条）。

▶ 3. 金融機関の義務

①　防止措置等

金融機関には，前記以外にも偽造カード等または盗難カード等を用いて行われる不正なATMによる払戻し等を防止するための

措置を講ずる義務がある（預貯金者保護法9条）。すなわち，金融機関は，できるだけ速やかに，ＡＴＭに係る認証技術の開発，情報の漏えいの防止，異常な取引状況の早期把握のための情報システムの整備その他の措置を講ずるとともに，預貯金者に対して情報の提供，啓発，知識の普及，暗証番号の設定について適切な措置を講ずる必要がある。

② 施行前の事案の取扱い

預貯金者保護法の附則2条には，施行前の事案に関する損害の賠償または補てん等については，この法律の趣旨に照らし，最大限の配慮が行われるものとすると規定されている。

▶ 4. 金融機関の解決課題と対応策

今後の解決課題として，以下の問題がある。

① 不正払戻しがなされたときに，金融機関が免責を受けるための主張および立証責任を尽くせるか。

② 安易に損失補てん等に応ずることが，反社会的勢力を助長することにならないか。

③ 防止措置（9条）をどうするか。

①については，現実に金融機関側が立証することは，極めて困難であると思料する。金融機関の知ることのできない事情を立証しなければならないからである。

②についても，①が困難であれば補てん等に応ずるほかないので，批判を受けてもどうにもならないが，警察等と連絡を緊密にして，怪しい場合には個別的に対処するほかないであろう。

③については，費用と手間がかかるものの，対応するほかないであろう。

▶ 5. 全国銀行協会による保護の施策

① 偽造・盗難キャッシュカードに関する預金者保護の申し合わせ

全国銀行協会は，預貯金者保護法の成立を受けて，平成17年10月6日に上記申し合わせを公表している。申し合わせによると各行が約款を改定するに当たっては，暗証番号を生年月日等の類推されやすいものとして過失の一要素として認定するには，預金者に個別的，具体的，複数回にわたる働きかけを行うことが前提となるなど国会において審議されたことを踏まえ，今後，預金者向けに告知を行うポスター，リーフレット，ダイレクトメールなどには「重大な過失または過失となりうる場合」を必ず記載し，預金者に対し明示することとされている。

②　盗難通帳やインターネット・バンキングによる預金等の不正払戻しへの対応

　平成20年2月19日，全国銀行協会は，個人顧客を対象に「預金等の不正な払戻しへの対応について」を公表している。

　その中で，盗難通帳における被害対応について，次のように方針を示している。

　ⅰ）銀行に過失がない場合でも，顧客自身の責任によらずに遭われた被害については，補償を行う。

　ⅱ）各行においては，預金規定の参考例をもとに預金規定を見直すとともに，「重大な過失または過失となりうる場合」を明示するなど必要な対応を行う。その際，不正払戻し発生防止に向けた本人確認の厳格化や副印鑑制度の廃止等の施策が顧客の利便性を大きく損なうことのないよう配慮する。

　ⅲ）補償請求の際には，顧客にも銀行に対する被害内容の速やかな連絡，事情の説明や捜査機関への届けなどを求めるが，銀行界として，顧客の理解が得られるよう広報活動等を積極的に行う。

　また，インターネット・バンキングにおける被害対応についての方針は，以下のとおりである。

　ⅰ）銀行に過失がない場合でも，顧客自身の責任によらずに遭

われた被害については，補償を行う。

ⅱ）インターネット・バンキングによる預金等の不正払戻しは，銀行の管理が及ばない場所で発生し，かつ，インターネット技術の進展と相まって複雑高度化するため，そうした犯罪手口へ対抗する手段として，各行においては一層のセキュリティの向上に努める。

ⅲ）被害事実や犯罪手口等の全容解明・被害抑止の観点から，捜査当局との窓口の明確化など迅速な意思疎通・相互の協力体制の整備等を行い，顧客との連携のもと，捜査に全面的に協力する。

ⅳ）補償請求の際には，顧客にも銀行に対する被害内容の速やかな連絡，事情の説明や捜査機関への説明などを求めるが，銀行界として，顧客の理解が得られるよう広報活動等を積極的に行うとともに，被害拡大の抑止のために，連絡を受けた被仕向銀行において速やかに出金停止を行うなどの協力体制を構築する。

なお，本文のほか，「普通預金規定（個人用）[参考例]」，「重大な過失または過失となりうる場合」等も同時に公表している。

偽造・盗難カード等預貯金者保護法は，個人顧客に適用され，法人顧客には適用されない。

10 振り込め詐欺による被害者の保護

関連過去問題
〈2級〉
✐ 2023年(10月)問39
✐ 2023年(6月)問38
✐ 2022年(10月)問39
✐ 2022年(6月)問38
〈1級〉
✐ 2022年(6月)問7
✐ 2020年(10月)問8

▶ 1. 振り込め詐欺犯罪の現状

① 振り込め詐欺（恐喝）とは

振り込め詐欺（恐喝）とは，警察庁の定義によれば，いわゆるオレオレ詐欺（恐喝），架空請求詐欺（恐喝）および融資保証金詐欺の総称で，現金を自己の管理する預貯金口座に振り込ませるなどして騙し取る手口による詐欺または同様の手口による恐喝であ

るとされている。

種類	内容
オレオレ詐欺（恐喝）	親族を装うなどして電話をかけ，交通事故の示談金等の様々な名目で現金が至急必要であるかのように信じ込ませ，動転した被害者に指定した預貯金口座に現金を振り込ませるなどの手口による詐欺（または同様の手口による恐喝）
架空請求詐欺（恐喝）	架空の事実を口実に金品を請求する文書を送付して，指定した預貯金口座に現金を振り込ませるなどの手口による詐欺（または同様の手口による恐喝）
融資保証金詐欺	融資を受けるための保証金の名目で，指定した預貯金口座に現金を振り込ませるなどの手口による詐欺（または同様の手口による恐喝）
還付金等詐欺	税金の還付に必要な手続きを装って被害者にATMを操作させ，口座間送金により財産上不法な利益を得る電子計算機使用詐欺または詐欺事件

② 振り込め詐欺の被害額

振り込め詐欺の被害は，深刻な状況にあった。被害総額は平成20年には275億円を超え，平成21年には95億7,912万円余りにまで減少したものの，再び増加傾向にあって予断を許さない状況にある。

警察庁によれば，振り込め詐欺の認知状況は，令和5年1月から令和5年10月までの10ヵ月間で15,636件あり，被害総額は330億円を超えている。また，金融機関の対応策として重要な預金口座の利用停止および強制解約の状況は，全国銀行協会によれば，令和4年度に利用停止した件数が53,857件，強制解約をした口座数は23,767件となっている。

③ 被害防止対応

振り込め詐欺の被害防止については，警察が金融機関等の関係各機関と連携し，金融機関に対して口座の利用停止依頼，窓口における利用者に対する注意喚起，携帯音声通信事業者による契約

者等の取引時における本人確認などの対応策が採られている。

特に，送金住所先（普通郵便，提携小包郵便等により現金を私設私書箱等に送付させる手□における被害者が現金を送付した宛先住所）の公表が警察庁のウェブサイトで行われている。

▶ 2. 口座不正利用と取引停止等

① 口座の不正利用の問題点

預貯金口座の不正利用の問題点は，犯罪等に利用されるからである。特に，振り込め詐欺による被害が前述のように増加している状況において，金融機関の預貯金口座が不正行為の受け皿として活用されることは，金融機関が犯罪成立を助ける結果となっていることから，口座の不正利用を放置した金融機関は，犯罪者の共犯者であるとのレッテルを貼られるおそれがある。のみならず，振り込め詐欺は反社会的勢力の有力な資金活動だから，金融機関が反社会的勢力に利用される結果となってしまう。したがって，金融機関としては，口座の不正利用を放置せず，不正利用口座については，敢然と立ち向かい厳格な態度で臨むべきである。

② 口座の不正利用と疑わしい取引

口座の不正利用を防止するには，口座開設時における確認が重要である。また，口座の利用内容を確認のうえ，取引停止等の措置を機動的に採る必要がある。

▶ 3. 振り込め詐欺救済法と金融実務

① 総　説

関連過去問題
〈1級〉
✎ 2018年(10月)問8

平成20年6月から「犯罪利用預金口座等に係る資金による被害回復分配金の支払等に関する法律」（以下「法」という）が施行されている。

この法律は，議員立法という形式で平成19年12月に参議院本会議で可決・成立したものであり，金融機関が不正利用口座を凍結し，一定の手続のもと，振り込め詐欺の被害者に対し，分配金

を支払うとするものであって，金融機関にとっては様々な負担を強いる法律である。

　前記のように，振り込め詐欺の被害は，高止まりしている状況にあり，金融機関も口座の不正利用には留意しているところであるが，不正利用を事前に完全に予防することは困難である。そこで，本法の金融実務から見た留意点等を説明する。

　② **目的と定義**

　ｉ）法の１条は，目的を定めている。すなわち，「この法律は，預金口座等への振込みを利用して行われた詐欺等の犯罪行為により被害を受けた者に対する被害回復分配金の支払等のため，預金等に係る債権の消滅手続及び被害回復分配金の支払手続等を定め，もって当該犯罪行為により被害を受けた者の財産的被害の迅速な回復等に資することを目的とする」と定めている。

　要するに，この法律の目的は，振り込め詐欺事犯に預金口座等が利用された場合には，当該口座の取引停止等の措置を採ったうえで，当該口座に係る債権の消滅手続を採り，当該口座の預金を被害者へ被害回復分配金として，金融機関が責任をもって支払い，被害者の被害を填補することにある。

　ⅱ）定義（法２条）

　　ア）金融機関とは，次に掲げるものをいう。

　一　　銀行

　二　　信用金庫

　三　　信用金庫連合会

　四　　労働金庫

　五　　労働金庫連合会

　六　　信用協同組合

　七　　信用協同組合連合会

　八　　農業協同組合

九　　農業協同組合連合会

　　十　　漁業協同組合

　　十一　漁業協同組合連合会

　　十二　水産加工業協同組合

　　十三　水産加工業協同組合連合会

　　十四　農林中央金庫

　　十五　株式会社商工組合中央金庫

イ）預金口座等とは，預金口座または貯金口座（金融機関により，預金口座または貯金口座が犯罪行為に利用されたこと等を理由として，これらの口座に係る契約を解約しその資金を別段預金等により管理する措置がとられている場合におけるこれらの口座であったものを含む）をいう。

ウ）振込利用犯罪行為とは，詐欺その他の人の財産を害する罪の犯罪行為であって，財産を得る方法としてその被害を受けた者からの預金口座等への振込みが利用されたものをいう。

エ）犯罪利用預金口座等とは，次に掲げる預金口座等をいう。

一　振込利用犯罪行為において，前ウ）に規定する振込みの振込先となった預金口座等

二　専ら前号に掲げる預金口座等に係る資金を移転する目的で利用された預金口座等であって，当該預金口座等に係る資金が同号の振込みに係る資金と実質的に同じであると認められるもの

オ）被害回復分配金とは，第7条の規定により消滅した預金または貯金（以下「預金等」という）に係る債権の額に相当する額の金銭を原資として金融機関により支払われる金銭であって，振込利用犯罪行為により失われた財産の価額を基礎として第四章の規定によりその金額が算出されるものをいう。

　③　預金口座等に係る取引停止等の措置

　法3条は，預金口座等に係る取引停止等の措置を定めている。

すなわち，金融機関は，当該金融機関の預金口座等について，捜査機関等から当該預金口座等の不正な利用に関する情報の提供があること，その他の事情を勘案して犯罪利用預金口座等である疑いがあると認められるときは，当該預金口座等に係る取引の停止等の措置を適切に講ずるものとするとされている（同条1項）。

また，金融機関は，前項の場合において，同項の預金口座等に係る取引の状況，その他の事情を勘案して当該預金口座等に係る資金を移転する目的で利用された疑いがある他の金融機関の預金口座等があると認めるときは，当該他の金融機関に対して必要な情報を提供するとされている（同条2項）。

預金口座の取引停止については，この法律では，従来の実務よりも一歩先駆けて取引停止の措置を採るべきとされている。つまり，警察等の捜査機関から不正利用に関する情報の提供があった場合や，その他の事情を勘案して取引停止等を行うべきとされている。

なお，取引停止等の事由に関する全国銀行協会の通達（平成20年6月9日付全事会第35号。以下「事務取扱手続」という）によれば，次の場合に取引停止等を行うこととされている。

ⅰ）捜査機関等（警察，弁護士会，金融庁および消費生活センターなどの公的機関ならびに弁護士および認定司法書士）から犯罪利用預金口座等として使用されている旨が書面または電話等により通報された場合

ⅱ）当該預金口座等について被害申出人から犯罪利用預金口座等である旨の具体的な申出があり，当該被害申出人から当該預金口座等への振込が行われたことを確認できるとともに，他の取引の状況，口座名義人との連絡状況等から犯罪利用預金口座等であると判断でき，直ちに取引の停止等の措置を講ずる必要がある場合

ⅲ）当該預金口座等が犯罪利用預金口座等であるとの疑いがある旨，または犯罪に利用される可能性がある旨の情報提供があった場合において，次のア）からウ）までのいずれかまたはすべての連絡・確認を行った場合

> ア）当該預金口座等の名義人の届出電話番号へ連絡を行い，名義人本人から口座を貸与・売却した，紛失した，口座開設の覚えがないとの連絡が取れた場合
> イ）当該預金口座等の名義人の届出電話番号へ複数回・異なる時間に連絡を実施したが，連絡が取れなかった場合
> ウ）一定期間内に通常の生活口座取引と異なる入出金，もしくは過去の履歴と比較して異常な入出金が発生している場合

ⅳ）本人確認書類の偽造・変造が発覚した場合

④ **預金等に係る債権の消滅手続**

ⅰ）公告の求め

重要用語

預金等に係る債権の消滅手続

　預金等に係る債権の消滅手続は，前記の取引停止等を行った預金口座等，または取引停止等を行っていないものの，次に掲げる事由その他の事情を勘案して犯罪に利用されていると考えられる預金口座等については，取引停止等を行うとともに，預金保険機構に対して当該預金口座等に係る債権について，当該債権の消滅手続の開始に係る公告をすることを求めなければならないとされている（法4条1項）。

　そして，上記事由として，ア）捜査機関等からの情報提供，イ）その情報に基づいて行った被害状況に関する調査結果，ウ）口座名義人の住所への連絡その他の方法による名義人に関する調査結果，エ）当該預金口座等に係る取引の状況があげられている。

　ただし，当該預金口座等について，払戻しを求める訴えが提起

されているとき，当該預金口座等が強制執行，仮差押えもしくは
仮処分等の対象となっているとき（その他の訴えの提起，担保権
の実行，国税滞納処分等の対象となっているときを含む），または
その他の事情を勘案して本法に規定する手続を実施することが適
当でないと認められるとき（施行規則6条では，名義人に対し，
民事再生手続の開始，会社更生手続開始，破産手続開始，特別清
算の開始があげられている）には，預金保険機構に対して公告を
求める必要はないとされている（同条2項）。

　次に，金融機関は，預金口座等に係る資金を移転する目的で利
用されたと疑うに足りる相当な理由がある他の金融機関の預金口
座等があると認めるときは，当該他の金融機関に対し，口座の種
類および口座番号，名義人の氏名等，預金等に係る債権の額，振
込の時期，振込利用犯罪の概要，犯罪利用預金口座等であると疑
うに足りる相当な理由等の事項を通知しなければならない（同条
3項，施行規則7条）。

ⅱ）預金保険機構による公告等

預金保険機構は，金融機関による公告の求めを受けて，次に掲
げる事項を遅滞なく公告しなければならない（法5条1項）。

重要用語
預金保険機構

ア）当該預金口座等に係る債権について消滅手続が開始され
　　た旨

イ）当該預金口座等に係る金融機関名，店舗名，預金等の種
　　別と口座番号

ウ）当該預金口座等の名義人の氏名または名称

エ）当該預金等債権の額

オ）名義人その他当該預金口座等に係る債権者による金融機
　　関への権利行使の届出または払戻しの訴えの提起もしくは
　　強制執行等に係る期間（同条2項により，公告があった翌

日から起算して60日以上でなければならないとされている）

カ）権利行使届出の方法

キ）払戻しの訴えの提起または強制執行等に関し参考となる
べき事項（施行規則8条により，「被害者からの振込時期」
等が定められている）

ク）権利行使期間内に届出がない場合には，当該預金等債権
が消滅する旨

ⅲ）権利行使の届出等の通知等

預金保険機構に対し公告を求めた金融機関は，当該預金等債権
について権利行使の届出があったときは，その旨を預金保険機構
に通知しなければならない（法6条1項）。

金融機関は，権利行使届出期間内に当該預金口座等が犯罪利用
預金口座等ではないことが判明した場合，その旨を預金保険機構
に通知しなければならない（同条2項）。

預金保険機構は，前記通知を受けたときは，預金等に係る債権
の消滅手続が終了した旨を公告しなければならない（同条3項）。

ⅳ）預金等に係る債権の消滅

権利行使の届出等がなく，かつ，6条2項の通知がない場合，
当該預金等に関する債権は消滅する。この場合，預金保険機構は
その旨を公告しなければならない（法7条）。

⑤ 被害回復分配金の支払手続

ⅰ）被害回復分配金の支払

金融機関は，前記消滅手続を終了した預金口座等にある金銭を
原資として，被害者に対し，被害回復分配金を支払わなければな
らない（法8条1項）。被害者に相続が生じた場合には，相続人等
に被害回復分配金を支払う（同条2項）。ただし，預金口座等にあ
る金額が1,000円未満の場合には，被害回復分配金の支払は行わ

れない（同条3項）。

ⅱ）公告の求め

金融機関は，預金等に係る債権が消滅したときは，速やかに預金保険機構に対し，被害回復分配金の支払手続開始に係る公告を求めなければならない（法10条1項）。

預金保険機構は，金融機関の求めに応じて，遅滞なく法定事項を公告しなければならない（法11条1項）。

ⅲ）支払の申請

被害回復分配金の支払を受けようとする者は，支払申請期間内に，金融機関に対し，申請書および被害にあった金額を示す疎明資料等を添付して支払の申請を行う必要がある（法12条1項）。

ⅳ）支払の決定

金融機関は，被害者から申請があった場合には，申請人が被害回復分配金の支払を受けることができる者に該当するかを決定しなければならない（法13条1項）。

金融機関は，被害回復分配金の支払を受けることができる者に該当する旨の決定をするについては，その犯罪被害額を定めなければならない（同条2項）。金融機関が犯罪被害額を決定するに際し，申請書および資料等に基づき，犯罪利用預金口座等への振込額その他の事情を勘案するものとされている（施行規則21条）。また，この点につき，事務取扱手続は，次のような取扱いが考えられると規定している。

・振込手数料は，犯罪被害額には含まれない。
・公序良俗に反するような高金利のヤミ金融については，振込額を犯罪被害額とする。
・オークション詐欺など，故意に不良品等が買主に送られてきたケースでは，振込額を犯罪被害額とする。

金融機関は，支払の決定を行った場合には，その内容を記載し

た書面を申請人に送付するとされている（法14条１項）。

　また，金融機関は，決定を行った場合には，決定表を作成し，本店に備え置き，申請人の閲覧に供する必要がある。決定表には，支払該当者決定を受けた者の氏名等または決定によって定められた被害額を記載しなければならない（法15条）。

　　ｖ）支払の実施等

　金融機関は，すべての申請に対する決定を行った場合には，遅滞なく支払該当者決定を受けた者に対して，被害回復分配金を支払わなければならない（法16条１項）。

　申請人が複数あり，その被害合計額が当該預金口座等にある金額以下であれば，全員が全額の支払を受けることができるが，被害額の合計が当該預金口座等にある金額を超えている場合には，各人の被害額の被害額合計に対する割合に従って，被害回復分配金の支払を受けることとなる（同条２項）。なお，施行規則35条（金融機関が手続費用等を負担する旨の規定）を踏まえ，事務取扱手続では，被害回復分配金の支払に関し，内国為替に係る銀行間手数料，通信費，調査費用等は金融機関が負担するとされている。

　⑥　その他の規定

　　ｉ）残余金の預金保険機構への納付

　すべての手続を終了し，残余金がある場合には，金融機関は預金保険機構に対して当該残余財産を納付する（法19条）。

　　ⅱ）犯罪利用預金口座等でないことについて相当な理由があると認められる場合における支払の請求等

　預金口座等の名義人の債権が消滅した場合においても，権利行使の届出をしなかったことについて相当な理由がある場合には，名義人等は，必要な説明を行うことにより，預金口座等に係る債権の請求ができるとされている（法25条１項）。

　そして，金融機関がこの請求を認めて名義人等に支払をした場

合，金融機関に預金債権等の消滅手続の実施に関して過失がないことについて相当な理由がある場合には，預金保険機構に対し，支払った金額に相当する金額を請求することができる (同条4項)。

⑦ 金融機関における留意点等

本法は，金融機関に多くの負担を強いるものといえるが，法律が制定されている以上，法令および事務取扱手続に従って，粛々と預金口座等について取引を停止し，預金保険機構に対して公告を求め，当該預金口座等に係る債権を消滅させたうえ，被害者に被害回復分配金を支払うほかないであろう。

預金等に係る債権の消滅手続から，被害回復分配金の支払手続に至るまでの流れについて，確実に把握しましょう。

理解度チェック

❶ 成年被後見人等の登記事項証明書の交付について，金融機関も請求ができる。
❷ 金融機関が守秘義務に違反した場合，不法行為責任等が生じるが，損害賠償責任が生じることはない。
❸ 使用者である金融機関が被用者の選任および監督について，相当の注意をしたことを立証すれば，使用者責任を負わない。

解答 ❶ ×　本人等に限定され，金融機関は請求ができない。
　　　❷ ×　不法行為責任等による損害賠償責任が発生する可能性がある。
　　　❸ ○

4 会社法関連

1 仮装払込

▶ 1. 仮装払込の問題点

会社債権者の責任財産が会社財産に限定され社員が有限責任のみ負担する会社である株式会社においては，原則として会社の構成員である社員が各取引について個人的な責任を負うことはないから，会社債権者の引当となる財産は会社の財産に限られる。したがって，一定の会社財産が確保されなければならない。

ところで，会社法は，出資の履行を確保するために，株式会社等の設立および新株発行について，仮装払込の典型的な事例である「預合い」を刑罰をもって禁止している。

重要用語

仮装払込

▶ 2.「預合い」と「見せ金」

① 預合い

会社法965条は，「第960条第1項第1号から第7号までに掲げる者（会社設立時の発起人や取締役など）が，株式の発行に係る払込みを仮装するため預合いを行ったときは，5年以下の懲役若しくは500万円以下の罰金に処し，又はこれを併科する」と定め，続けて「預合いに応じた者も同様とする」と規定している。

重要用語

預合い

ここに預合いとは，刑事事件では「発起人又は取締役が株金の払込を仮装するために，払込取扱金融機関の役職員らと通謀する仮装行為」であるとされている（最決昭和36・3・28金融・商事判例529号177頁）。そして，民事事件では「株式会社における株式の払込又は有限会社における出資の履行の際，発起人又は取

締役個人が払込取扱銀行から借財し，これを会社の預金として株式の払込又は出資の履行を仮装し，同時に借財の弁済があるまでは，その預金を引き出さないことを約束すること」とされている（「新法律学辞典」有斐閣）。

結局，預合いとは，会社の発起人や取締役が会社の払込取扱金融機関の役職員と通謀して行う株式払込金の仮装払込であり，注意すべきは，通謀した金融機関の役職員が罪に問われることである。

② 見せ金

見せ金とは，「会社の設立又は新株発行の際，発起人等が払込取扱金融機関又は信託会社以外の者から借財し，株式の払込の仮装のためにこれを払込取扱金融機関等に一時的に払い込み，新株発行の効力が発生した後にこれを引き出して借財の弁済に充てること」である。

つまり，見せ金は，預合いと異なり，払込取扱金融機関の役職員と通謀することなく，むしろ仮装払込であることを秘匿して，一時的に払込をするものの，その後すぐに当該預金を払い戻して，出資の原資である借財を返済してしまうのである。したがって，形式的には資本金に見合った払込がされて資本金が登記されるが，現実には，すぐに払い戻されるから見せ金と呼ばれているのである。

▶ 3. 払込取扱金融機関の責任等

仮装払込を防止するために，会社法は，株式会社の設立と新株発行に際して，払込取扱機関を銀行等の金融機関に制限し（会社法34条2項・63条1項・208条1項），また，募集設立の場合において，株式の払込を受領した金融機関は，発起人の請求により，払込金の保管についての証明書を発行しなければならない（同法64条1項）と規定している。そして，この金融機関の証明は，書

面（株式払込金保管証明書）によってなされ，募集設立の申請添付書類とされている（商業登記法47条2項5号）。

　上記保管証明書を発行した金融機関の責任は重く，証明書を発行した以上，①払込がなかったこと，または，②その返還に関する制限をもって，会社に対抗することができないとされている（会社法64条2項）。したがって，払込取扱金融機関は，払込がされなかった場合，または，その金額が不足した場合においても，会社に対して保管証明書に記載された金額があるものとして返還に応じなければならない。また，払込金の払戻しに条件が付されている場合（たとえば，借財を返還するまで払戻しに応じないなど）にも，かかる条件を会社に主張できず，返還に応じなければならないのである。

株式払込金保管証明書を発行した払込取扱金融機関は，その払込みがなかったこと，またはその返還に関する制限をもって，会社に対抗することができない。

▶ 4. 仮装払込における引受人等の責任

　平成26年改正会社法は，募集株式の仮装払込における引受人および取締役や執行役の責任を規定した。すなわち，出資の履行を仮装した払込人は，当該払込金額全額を会社に支払う義務を負う（同法213条の2第1項1号）。現物出資の場合にも，当該現物または会社が請求した場合には，当該現物出資相当額の金銭を支払う義務を負う（同項2号）。そして，引受人が上記義務を履行しない場合は，株主の権利を行使できない（同法209条2項）。

　出資履行の仮装に関与した取締役または執行役は，会社に対し，上記引受人と連帯して金銭を連帯して支払う義務を負う（同法213条の3第1項）。ただし，取締役等が注意を怠らなかったことを証

明すれば，その責任を免れる（同項但書）。

引受人および取締役等の義務については，代表訴訟の対象とされている（同法847条1項）。

2 特別背任罪（背任罪）

▶ 1. 意義と刑罰

会社法960条1項は，「次に掲げる者が，自己若しくは第三者の利益を図り又は株式会社に損害を加える目的で，その任務に背く行為をし，当該株式会社に財産上の損害を加えたときは，10年以下の懲役若しくは1,000万円以下の罰金に処し，又はこれを併科する」と定め，特別背任罪を規定している。そして，本罪の主体となりうるのは，①発起人，②設立時取締役または設立時監査役，③取締役，会計参与，監査役または執行役，④民事保全法に規定する仮処分命令により選任された取締役，監査役または執行役の職務を代行する者，⑤会社法の規定により選任された一時取締役，会計参与，監査役，代表取締役，委員，執行役または代表執行役の職務を行うべき者，⑥支配人，⑦事業に関するある種類または特定の事項の委任を受けた使用人，⑧検査役である。なお，2項では，清算会社について清算人などの特別背任罪が規定されており，会社法961条には，代表社債権者等の特別背任罪が規定されている。ただし，後者については，5年以下の懲役もしくは500万円以下の罰金，またはこれらの併科とされている。

特別背任罪は，刑法247条の背任罪の特別法に該当する。すなわち，刑法247条は，「他人のためにその事務を処理する者が，自己若しくは第三者の利益を図り又は本人に損害を加える目的で，その任務に背く行為をし，本人に財産上の損害を加えたときは，5年以下の懲役又は50万円以下の罰金に処する」と規定してい

関連過去問題
〈2級〉
✎ 2023年(10月)問25
✎ 2023年(6月)問25
✎ 2022年(10月)問19・25
✎ 2022年(6月)問24
〈1級〉
✎ 2023年(6月)問5
✎ 2022年(6月)問4
✎ 2021年(10月)問6
✎ 2021年(6月)問4
✎ 2020年(10月)問4
✎ 2019年(6月)問4
✎ 2018年(10月)問5

重要用語
特別背任罪

第2編

る。

　背任罪も特別背任罪も，いずれも他人のために事務を処理する者が，一定の目的をもって，その任務に違反し，事務処理を依頼された者に損害を与えることを犯罪としているのである。ただし，会社法上の特別背任が株式会社において，重要な地位にある者に対して，同じ任務違背行為につき，重く処罰していることに特色がある。その趣旨は，営利追求を目的とする株式会社において，会社の重要な幹部職員が会社を犠牲にして，自分や第三者の利益を図ることがありがちなことと，当該役職員の重い地位に鑑みて責任が加重されている点にある。

　なお，株式会社という組織形態を採用していない金融機関において適用されるのは，刑法の背任罪であって特別背任罪ではないが，その他の成立要件については共通するので，以下では特別背任罪について説明する。

▶ 2. 成立（構成）要件

　特別背任罪の成立（構成）要件は，以下のとおりである。

　① 　身分犯

　上記のように特別背任罪においては，取締役等の会社における一定の地位のある者が犯罪主体とされている。このような犯罪は「身分犯」と呼ばれている。そして，身分犯については，刑法65条1項に「犯人の身分によって構成すべき犯罪行為に加功したときは，身分のない者であっても，共犯とする」と定め，裁判例においては，この「共犯」とは，教唆犯，幇助犯のみならず共同正犯も含むとされているから，身分のない者も共犯となる。ただし，同条2項は「身分によって特に刑の軽重があるときは，身分のない者には通常の刑を科する」としているから，特別背任罪の主体ではない権限のない一般の銀行員が支店長などの身分ある者と任務違背行為をした場合には，一般行員については，特別背任罪の

共犯となるが，刑罰は刑法の背任罪を基準に科せられることになる。なお，銀行員で特別背任罪の主体となるのは，支店長など権限のある幹部職員であろう。

② 図利・加害目的

特別背任罪が成立するには，自己または第三者の利益を図ること，または，会社に損害を加える目的があることを必要とする。このような犯罪を「目的犯」という。したがって，任務違背行為によって会社に損害が発生しても行為者が会社のためにした結果であれば，犯罪が成立することはない。

この目的は，主観的要素であるために，自己の利益を図るとともに会社の利益を図るということもありうるが，このような場合には，目的の主従によっていずれが当該行為の決定的な動機となったかを判断すべきであるとされている。

重要用語
目的犯

③ 任務違背行為

銀行員の特別背任罪で問題となる任務違背行為の多くが不正融資である。特別背任罪や背任罪は故意犯であるから，たとえ重大な過失があっても処罰対象とならない。あくまでも故意（自己の任務違背によって会社に損害が生ずる結果の認容）を必要とする。そのような結果が生じても構わないと考えて任務違背行為がなされれば成立するのである。したがって，融資時において万全と考えられる債権保全措置をとっていれば，結果的に不良債権となっても，犯罪が成立するものではないし，債権保全措置が万全とはいえない冒険的な追加融資であっても，倒産防止という観点から正当と判断できたのであれば犯罪とはならない（もっとも，このような場合は，上記②の目的がないとされることも多いであろう）。

重要用語
任務違背行為

重要用語
故意犯

④ 損害の発生

特別背任罪の成立には，結果的に会社に財産上の損害が発生することが必要である。裁判例では，この財産上の損害とは，たと

えば，不正融資においては，たとえ債務者に対して請求できる権利があっても，回収困難であれば損害があると考えられている。回収不能という結果を待つまでもないのである。また，損害額が不確定でもよいし，行為者に損害を賠償する資力があったとしても，現実に賠償されていても，損害額の認定や特別背任罪の成立に影響を及ぼすものではないとされている。したがって，後日，損害がてん補されても情状にはなるが，それによって犯罪が不成立とはされないのである。

任務違背行為によって会社に損害が発生しても行為者が会社のためにした結果であれば，背任罪は成立しない。

3 贈収賄罪

重要用語
収賄罪

重要用語
贈賄罪

▶ 1. 意 義

　会社法は，967条1項で前述の特別背任罪の主体たりうる者等の収賄罪を規定し，2項で贈賄罪を規定し，968条では，株主の権利行使に関する贈収賄罪を禁止している。後述のように，967条1項は，発起人等がその職務に関し，不正の請託を受けて財産上の利益を収受すること等を広く禁止するものであり，贈賄者も処罰される。また，968条は，株主総会における発言や議決権行使に関し，不正の請託を受けて財産上の利益を収受すること等を禁止するものであり，贈賄者も処罰される。

　会社法がこれらの行為につき，刑罰をもって禁止した趣旨は，967条にあっては発起人等の職務の公正とその信頼を，968条にあっては株主等の権利行使の公正を保持し，不正な権利行使を防止することにある。

▶ 2. 成立（構成）要件と刑罰

① 会社法967条１項の収賄罪

発起人等の収賄罪の構成要件は，以下のとおりである。

ⅰ）会社法960条１項または２項，961条に規定する者もしくは会計監査人または一時会計監査人の職務を行うべき者が，

ⅱ）その職務の執行に関して，

ⅲ）不正の請託を受け，

ⅳ）財産上の利益を収受し，要求し，または約束すること

収賄罪は，特別の身分を有する者が主体となる「身分犯」であり，この点については，特別背任罪で述べたところと同様である。

そして，「職務に関し」とは，職務（会社の役職員がその地位に伴って，その権限事項として行う一切の職務）行為と賄賂である財産上の利益が対価関係にあることである。換言すれば，賄賂が職務行為の対価として提供されることである。

また，「不正の請託」にある不正とは，違法という意味であり，請託とは，職務に関して一定の行為を行うこと，または行わないことを依頼することである。

次に，「財産上の利益」とは，職務に関する不正行為の報酬であり，金銭に限らず，あらゆる財産的価値のある利益を含む。

最後に，「収受」とは，財産的利益を現実に取得すること，「要求」とは，その供与を求めること，「約束」とは，贈賄者と収賄者との間で賄賂を収受することについて意思が合致することである。

収賄罪の罰則は，５年以下の懲役または500万円以下の罰金である。

② 会社法967条２項の贈賄罪

この規定は，前記収賄罪に対応する規定である。贈賄罪については，収賄罪と異なり，犯罪主体に関する制限はない。そして，その行為は，「供与」，「申込み」，「約束」であるが，前二者は，

重要用語

不正の請託

第２編

「収受」，「要求」に対応する概念であり，「約束」は前述のとおりである。

　贈賄罪の刑罰は，3年以下の懲役または300万円以下の罰金である。

③　会社法968条1項の収賄罪

　株主等の権利行使に関する収賄罪の構成要件は，以下のとおりである。

　ⅰ）株主総会もしくは種類株主総会，創立総会もしくは種類創立総会，社債権者集会または債権者集会における発言または議決権の行使

　ⅱ）募集株式の発行等をやめることの請求等に関する権利行使

　ⅲ）社債総額の10分の1以上にあたる社債権者の権利行使

　ⅳ）会社法に定める訴えの各種提起等

　ⅴ）会社法849条1項（取締役の責任を追及する訴訟への参加）の規定による株主の訴訟参加

　ⅵ）これらの権利行使に関し不正の請託を受けて，財産上の利益を収受し，要求し，または約束すること

　①の収賄罪と異なるのは，主体が会社に対して権利行使可能な株主等であること，その権利行使に関して不正の請託を受けて，財産上の利益の収受等を行うことが犯罪とされていることである。なお，刑罰については①の収賄罪と同じである。

④　会社法968条2項の贈賄罪

　上記1項に対応する贈賄罪である。刑罰は，収賄罪と同じである。

「財産上の利益」とは，職務に関する不正行為の報酬であり，金銭に限らず，あらゆる財産的価値のある利益を含む。

手形・小切手

▶ 1. 法的性質等

① 有価証券

手形と小切手は有価証券である。有価証券とは，文字通り価値を有する証券であって，手形，小切手のほか，株券や社債券がこれに該当する。これら有価証券の特色は，証券に権利が結合している点にあり，この点で預金証書などと異なる。すなわち，有価証券においては，価値が証券に結合しているから，証券がなければ権利を行使できないが，預金証書では，証書がなくても預金があることを証明できれば権利行使が可能である（預金証書などは権利の証拠となるということから，「証拠証券」と呼ばれる）。したがって，有価証券では，証券を紛失すると，証券から権利を解く手続を経なければ権利行使ができない（この手続は「有価証券無効宣言公示催告事件および除権決定」といわれる）。

手形と小切手は，典型的な有価証券であるから，権利の行使や譲渡に必ず当該証券を必要とする。権利行使には，手形（小切手）の呈示が必要となるし，譲渡するには，交付を要するのである。

② 経済的機能と流通性保護制度

手形と小切手の経済的機能は，これらが有価証券であり，流通証券と呼ばれているように，権利の流通性を高め，金銭に代替する支払の手段とされている点にある。そして，この機能を十全なものとするために，証券の交付と裏書による簡易な権利譲渡方法が認められ（通常の指名債権譲渡には債務者への通知等を要する），善意取得制度や人的抗弁の切断という権利譲渡効力の強化が図られている。すなわち，善意取得制度は，たとえば，盗難手形等において無権利者から手形を取得した者を保護するための制度であり，取得者が譲渡人が無権利者であることについて善意無重

関連過去問題

〈2級〉
- 2023年(10月)問22
- 2023年(6月)問22
- 2022年(10月)問22
- 2022年(6月)問21

📖重要用語
証拠証券

📖重要用語
裏書

📖重要用語
善意取得制度

📖重要用語
人的抗弁の切断

過失であれば，権利を取得できるという制度である。また，人的抗弁の切断とは，当事者の原因関係に基づく人的抗弁を当事者以外の取得者に主張できないという制度である。たとえば，振出人と受取人との間の抗弁（売買の目的物の瑕疵など）を受取人以外の手形所持人に主張できないということである。

③　手形（小切手）行為の特色

手形と小切手が流通証券であることから，手形・小切手の振出や裏書などの手形（小切手）行為には，次のような特色がある。すなわち，手形または小切手外の法律関係の影響を受けない行為とされ（これは「無因行為」と呼ばれる），手形行為はすべて書面を通じてなされるものとされる（これは「書面行為」と呼ばれる）。また，手形・小切手上の権利・義務は，手形（小切手）上に記載された文言によって決せられる（これは「文言行為」と呼ばれる）のである。

④　当事者の法的関係

手形と小切手の当事者の法的関係は，約束手形においては振出人が絶対的義務者であり，受取人または裏書を受けた所持人が権利者となる。絶対的義務者である振出人が最終的な責任を負うが，裏書譲渡をした譲渡人は，裏書人として所持人に責任を負う。裏書人が所持人から請求を受けて責任を果たしたときは，振出人の責任を追及することはもちろんであるが，自分よりも前の裏書人の責任を追及することができる（遡求権行使）。

為替手形では，振出人から支払委託を受けた支払人が引受をすれば絶対的義務者となる。小切手では，引受が認められていないから，振出人が支払拒絶の場合に責任を負う。

▶ 2. 手形の記載事項

上記のように，手形は文言証券であり，手形行為は書面行為だから，手形の記載事項は重要である。手形の記載事項には，手形

重要用語
無因行為

重要用語
書面行為

重要用語
文言行為

重要用語
振出人

重要用語
裏書人

重要用語
支払人

要件といわれる必要的記載事項があり，その他記載すれば効力を
生ずる有益的記載事項，記載しても効力のない無益的記載事項，
記載されると手形が無効となる有害的記載事項がある。

　最も重要な記載事項が手形要件であり，これは法定されている。
その内容（約束手形）は，ⅰ）約束手形文言，ⅱ）一定の金額を
支払うべき旨の単純な約束，ⅲ）満期日，ⅳ）支払地，ⅴ）受取
人，ⅵ）振出日，ⅶ）振出地，ⅷ）振出人の署名である。通常，
手形は統一手形用紙で振り出されるから，ⅰ）やⅱ）などは記載
漏れに注意する必要はないが，ⅵ）などが記載されていない手形
も多く流通している。本来，かかる手形は手形要件の欠けた無効
手形であり，裁判例によっても権利行使要件としての呈示の効力
が認められないとされるが，後述のように白地手形として流通し
ているのである。また，手形金額については，まれに複数の金額
が記載され，その金額が異なる場合もある。そのような場合には，
文字（漢字）と数字が異なるときには文字の記載が手形金額とさ
れている（手形法6条）。

　有益的記載事項は，手形法に定められた支払場所などの記載で
あり，無益的記載事項は，指図文句など手形法に規定のある事項
である。有害的記載事項としては，分割払いの約束や200万円ま
たは300万円というような選択的記載などがある。

▶ 3. 白地手形の問題点

① 白地手形の意義

　上記のように，手形は文言証券であり，手形法により手形要件
が法定されているから，必要的記載事項が欠けていると手形とし
ての効力が生じない。しかしながら，実務においては，「白地（し
らじ）手形」と呼ばれる手形要件の一部が記載されていない手形
が流通している。このように白地手形は，手形要件を欠く，不完
全な未完成手形であるが，手形要件が記載されれば完成された手

重要用語
必要的記載事項

重要用語
有益的記載事項

重要用語
無益的記載事項

重要用語
有害的記載事項

第2編

重要用語
白地（しらじ）手形

形となる。

　すなわち，白地手形とは，必要的記載事項の全部または一部を空白にしたまま，その空白部分を後に取得者に補充させる意思で振り出された手形なのである。

　白地補充権の有無と内容は，本来，白地手形の手形行為者（主として振出人）とその相手方（主として受取人）との合意によって決定する事項である。しかし，上記当事者の合意に拘泥するならば，手形の流通性が害されかねない。当事者の合意を第三者である取得者が知り得るとは限らないからである。そこで，裁判例や通説は，白地補充権につき，その有無や内容は，手形行為者と相手方の合意によって決定されるものの，かかる合意が存在しない場合でも，手形の外観から白地補充権の存在が認められるときには，手形の署名者がそのような書面に署名した以上，それによって補充権を与えたものと認められ，白地手形が成立したものと解している。

　白地手形は，未完成で不完全な手形であって，完全な手形ではないから，白地のままで呈示しても通常の効力は認められない。しかし，最高裁によって時効中断効は認められている。

②　金融機関の白地補充義務

　上記のように，白地手形のままでは，呈示をしても通常の効力は認められない。問題となるのは，金融機関が白地手形について取立委任を受け，白地を補充せずに呈示をしたが，その後，振出人が資金不足による不渡りを出したような場合，白地手形の呈示だけでは遡求権保全や振出人に対する遅滞の効力が認められないことになる。このような事案において，取立委任を受けた金融機関に白地補充義務または委任者に対して補充を促す義務があるだろうか。

　この問題につき，最高裁は，委任を受けた金融機関に補充義務

重要用語

白地補充義務

ないし補充を促す義務はないとしている（最判昭和55・10・14
金融・商事判例610号3頁）。したがって，金融機関が補充等をし
なくとも責任を負うことはない。

白地手形の取扱いについて，確認しましょう。

5 | 刑事法関連

1 文書偽造等

関連過去問題
〈2級〉
・2023年(10月)問23・27
・2023年(6月)問23・27
・2022年(10月)問23・27
・2022年(6月)問22・26

重要用語

文書偽造罪

▶ 1. 意　義

　文書偽造罪とは，正当な作成権限がないにもかかわらず文書を作成する犯罪，または，内容が真実でない文書を作成する犯罪である。

　文書偽造罪の保護法益（刑法によって保護される利益）は，文書に対する一般の信頼であり，社会的法益に対する犯罪とされている。

　文書偽造罪は，狭義の文書偽造罪と虚偽文書作成罪に分けることができる。狭義の文書偽造罪は，「有形偽造」とも呼ばれ，作成名義を偽る犯罪であり，作成権限のない者が作成権限のある他人名義で文書を作成することである（銀行と関係のない第三者が銀行頭取名義の文書を作成するような場合）。

　これに対し，虚偽文書作成罪は，「無形偽造」とも呼ばれ，作成権限のある者が内容虚偽の文書を作成することである。公文書（公務所（役所）または公務員が作成する文書）については，有形偽造も無形偽造も処罰対象となるが，私文書（私人が作成する文書）については，有形偽造はすべて処罰対象だが，無形偽造については，医師が公務所に提出する文書だけが処罰対象とされている（刑法160条）。したがって，民間企業である金融機関において，無形偽造が問題となることはほとんどない。

　偽造された文書は，行使の目的を伴うから，偽造された文書を

行使する行為もすべて犯罪とされている。また，文書を直接偽造するものではないが，虚偽の申立に基づいて登記簿などに不実な記載（記録）をさせる公正証書原本不実記載罪（刑法157条1項）も規定されている。登記官をして不実登記をさせたような場合の処罰規定である。さらに，コンピュータ社会の到来により，文書以外に文書と同様の価値のある電磁的記録が登場したことから，かかる電磁的記録の偽造防止のため，電磁的記録不正作出および供用（行使罪に該当する）の罪が追加されている（同法161条の2）。

▶ 2. 構成（成立）要件と刑罰

① **文書の意義**

文書とは，「文字またはこれに代るべき符号を用いて永続すべき状態において，ある物体の上に記載した意思表示」であると解されている（裁判例）。文書か否かによって文書偽造罪の適用になるかが決まるから，この定義付けは重要である。文書か否かで紛らわしいものを検討すると，まず，コピーも文書である。現在では，コピーも機械による正確な複写であるから，コピーが偽造されれば文書の信頼性が損なわれることになるからである。次に，刑法には，文書偽造罪とは別に有価証券偽造罪が法定されているから，有価証券は文書とならない。したがって，株券，手形，小切手などの有価証券は文書ではない。また，上記のように，電磁的記録については，別途規定があるから，預金元帳のデータファイルなどは文書ではない。

なお，わが国における印鑑の重要性に鑑み，有印文書と無印文書では，法定刑に差異が設けられている。

第2編

📖 重要用語

電磁的記録

文書偽造罪における「文書」には，コピーも該当する。

② **有印私文書偽造**（刑法159条1項）

有印私文書偽造罪の構成要件は，

ⅰ）行使の目的で，他人の印章もしくは署名を使用して権利，義務もしくは事実証明に関する文書もしくは図画を偽造すること，または

ⅱ）偽造した他人の印章もしくは署名を使用して権利，義務もしくは事実証明に関する文書もしくは図画を偽造すること

である。

まず，ⅰ）の「行使の目的」とは，偽造文書を真実の文書として使用する目的である。そして，その行為は，第三者が偽造文書の名義人（形式的作成者）となる者の真実の印または署名を使用して，文書または図画（象形的符号を用いて記載された意思表示）を偽造することである。

次に，ⅱ）は，名義人の印章または署名を偽造して文書を作成することである。

有印私文書偽造罪の刑罰は，3月以上5年以下の懲役である。

③ **有印私文書変造**（刑法159条2項）

有印私文書変造罪の構成要件は，他人が押印しまたは署名した権利，義務もしくは事実証明に関する文書もしくは図画を変造することである。「変造」とは，権限のない者が真正に成立した他人名義の文書の非本質的部分に変更を加え，新たな証明力を作出することである。たとえば，預金通帳の預金受入れまたは払戻し年月日を改ざんすることなどが変造となる。

重要用語

変造

有印私文書変造罪の刑罰は，3月以上5年以下の懲役である。

④ **無印私文書偽造・変造**（刑法159条3項）

上記②または③以外の文書，つまり無印文書等を偽造または変造することである。

無印私文書偽造・変造罪の刑罰は，1年以下の懲役または10万

円以下の罰金である。

⑤　**偽造私文書行使**（刑法161条）

上記②〜④の罪によって偽造・変造された文書を真実の文書として使用すれば，当該偽造罪等と同様の刑罰に処せられる。

⑥　**公正証書原本不実記載等**（刑法157条1項）

公正証書原本不実記載（記録）罪の構成要件は，

ⅰ）公務員に対し虚偽の申立をして，

ⅱ）登記簿や戸籍簿のような権利もしくは義務に関する公正証書の原本に不実の記載をさせること，または，公正証書の原本として用いられる電磁的記録に不実の記録をさせること
である。

ⅰ）の虚偽の申立とは，たとえば，所有権移転の意思がないにもかかわらず，不動産を仮装譲渡し，所有権移転登記申請をすることや所有権移転の原因が贈与であるにもかかわらず，売買によるものと申請する場合などである。

ⅱ）の公正証書原本とは，利害関係人のために権利，義務に関する一定の事実を公的に証明する効力を有するものである。金融実務の関わりからすれば登記簿が主たるものとなろう。また，原本として用いられる電磁的記録とは，特許原簿，自動車登録ファイルなどがあるが，近年，法務局や市町村役場においても電磁記録化が進んでいるので，登記簿なども電磁的記録に該当することがある。

なお，刑法157条2項は，免状（運転免許証等），鑑札（質屋の許可証など），旅券（パスポート）についても，不実記載罪を規定している。

公正証書原本不実記載（記録）罪の刑罰は，5年以下の懲役または50万円以下の罰金であり，免状等については，1年以下の懲役または20万円以下の罰金である。

⑦　電磁的記録不正作出（刑法161条の２第１項）

　電磁的記録は，文書ではないが，電磁記録化が進んでいることや文書と類似の性質を有することから，電磁的記録の偽造罪を処罰対象としたのである。構成要件は，以下のとおりである。

　ⅰ）人の事務処理を誤らせる目的で，

　ⅱ）その事務処理の用に供する権利，義務または事実証明に関する電磁的記録を，

　ⅲ）不正に作ること

　ⅰ）の「人の事務処理を誤らせる目的」とは，他人の権利・義務に関する電磁的記録の証明作用に実害を与える目的を意味する。また，電磁的記録の例としては，預金元帳のデータファイルやキャッシュカードの磁気ストライプ部分などがある。さらに，不正作出とは，権限がないにもかかわらず，または権限を濫用して記録を作成することである。

　本罪の刑罰は，５年以下の懲役または50万円以下の罰金である。

⑧　電磁的記録不正供用（刑法161条の２第３項）

　⑦の不正作出された電磁的記録を使用する犯罪である。使用は，用いることのできる状態におけばよいから，不正作出された客体がキャッシュカードであればＡＴＭに差し込めばよいし，元帳ファイルであればデータを入力すれば足りる。

　本罪の刑罰も作出罪と同じである。

▶ 3. その他の偽造罪

①　有価証券偽造等（刑法162条）

　手形や小切手等の有価証券を偽造した者は，３月以上10年以下の懲役に処せられる。また，有価証券に虚偽の記入をした者も同様である。

②　偽造有価証券行使等（刑法163条１項）

偽造または虚偽記入された有価証券を行使した者も同様に処罰される。

③ 支払用カード電磁的記録不正作出等（刑法163条の2）

偽造カードが大量に作成されている現状から，平成13年の刑法改正で立法化された。人の財産上の事務処理を誤らせる目的で，クレジットカード等の支払用カード（キャッシュカードを含む）を構成する電磁的記録を不正に作った者は，10年以下の懲役または100万円以下の罰金に処せられるのである。

上記電磁的記録を供用した者も，譲渡，貸借，輸入した者も同様である。

④ 不正電磁的記録カード所持（刑法163条の3）

人の財産上の事務処理を誤らせる目的で，上記カードを所持した者は，5年以下の懲役または50万円以下の罰金に処せられる。

2 贈収賄罪

贈収賄罪は，贈賄罪と収賄罪からなる。贈賄罪は，公務員（日銀行員等のみなし公務員を含む）に対し，その職務に関して不正な報酬としての利益（賄賂）を供与し，申込みまたは約束をすることによって成立する（刑法198条）。また，収賄罪は，公務員がその職務に関して賄賂を収受，要求または約束することによって成立する（同法197条1項）。

上記は，贈賄罪と単純収賄罪であるが，収賄罪には，事前収賄罪（公務員に就任する前に賄賂の収受等をすること），第三者供賄罪（公務員が第三者に賄賂を収受等させること），加重収賄罪（収賄に関連して不正行為をすること），事後収賄罪（公務員が退職後に在職中の職務違反行為により賄賂を収受等すること），斡旋収賄罪（公務員がその地位を利用して他の公務員の職務事項について

関連過去問題
〈2級〉
2023年(6月)問9
2022年(6月)問9

🔖 重要用語
贈賄罪

🔖 重要用語
収賄罪

斡旋して収賄すること）がある。

3 信用毀損罪および業務妨害罪

　信用毀損罪と業務妨害罪は，虚偽の風説を流布し，または偽計を用いて，他人の信用を毀損し，またはその業務を妨害する犯罪である（刑法233条）。この２つの犯罪は，手段の共通性から同一の条文に規定されているが，業務妨害罪については，威力（意思を制圧するに足りる勢力）を用いる場合も刑罰の対象となる（同法234条）。

▶ 1. 信用毀損罪

　「信用」とは，人（法人等の団体を含む）の経済的側面における社会的評価（支払能力または支払意思）に対する一般の信頼である。

　「虚偽の風説を流布し」とは，事実に反する内容の噂を不特定または多数人に伝播させることである。また，「偽計を用い」とは，人を欺き，誘惑し，または人の錯誤や無知を利用するという意味である。

　「毀損」とは，信用の低下するおそれのある状態におくことをいい，現実に信用が低下することまで必要はない。

　本罪の刑罰は，３年以下の懲役または50万円以下の罰金である。

▶ 2. 業務妨害罪

　「業務」とは，職業その他継続して従事する事務または事業である。営業許可の有無を問わない。妨害行為と刑罰は，上記信用毀損と同様であるが，前述のように「威力」による妨害行為も処罰されることに留意すべきである。さらに，コンピュータシステムの破壊をもたらす加害行為も電子計算機損壊等業務妨害罪として

犯罪とされている（刑法234条の2）。

4　詐欺罪・窃盗罪

　詐欺罪と窃盗罪は，ともに人の財産に対する犯罪であるが，その客体と手段において異なる点がある。すなわち，窃盗罪は，財産犯の基本的な犯罪類型であって，他人の占有する財物をその意思に反して取得するものであるが，詐欺罪は，他人の占有する財物のみならずサービス等の財産上の利益が侵害されることもあるし，その手段も他人を騙すことである。一般的に金融機関において問題となるのは，窃盗や強盗なのであるが，受験対策としては詐欺罪を中心に解説し，窃盗罪については，特に詐欺罪との対比を説明する。

▶ 1. 詐欺罪（刑法246条）

① 意　義

　詐欺罪とは，人を欺いて財物を交付させ，または財産上不法な利益を得，もしくは他人に得させることを内容とする罪である。刑法246条1項を財物詐欺罪といい，同条2項を詐欺利得罪という。詐欺罪は，欺くことが相手方の錯誤を誘引し，瑕疵ある意思表示に基づく財物の交付（財産上の利益取得）が，主観的には詐欺者の故意の範囲にあり，客観的には因果関係にあることを要する。

　なお，未成年者の知慮浅薄，または心神耗弱の者に対する準詐欺罪が規定されている（刑法248条）。

② 構成要件

　まず，刑法246条1項の財物詐欺罪の客体である「財物」だが，他人の占有（支配）下にある物をいう。同条2項の詐欺利得罪の客体である「財産上不法の利益」とは，権利の取得や労務提供な

関連過去問題

〈2級〉

🖉 2023年(10月)問26
🖉 2023年(6月)問26
🖉 2022年(10月)問26
🖉 2022年(6月)問25

重要用語

詐欺罪

どの積極的利益のほか，債務免除などの消極的利益でもよい。

次に，「欺いて」とは，人を錯誤に陥れるような行為を用いてという意味であり，人を騙しても錯誤に基づいて処分行為をさせるものでなければならないから，騙して相手の注意を逸らせてその隙に財物を取るような行為は窃盗であって詐欺ではない。

また，「交付」とは，錯誤に基づく相手方の財産的処分行為により財物を取得することである。詐欺利得罪においては，相手方の処分行為によって財産上の利益を得ることがあればよい。

③　刑　罰

詐欺罪の刑罰は，10年以下の懲役である。

▶ 2. 電子計算機使用詐欺罪（刑法246条の２）

①　意　義

コンピュータ社会の出現により，コンピュータを利用した従来の規定では処罰できない詐欺行為が増加したため，電子計算機使用詐欺罪が追加されることになった。

②　構成要件

電子計算機使用詐欺罪は，「前条（詐欺罪）に規定するもののほか，人の事務処理に使用する電子計算機に虚偽の情報若しくは不正な指令を与えて財産権の得喪若しくは変更に係る不実の電磁的記録を作り，又は財産権の得喪若しくは変更に係る虚偽の電磁的記録を人の事務処理の用に供して，財産上不法の利益を得，又はこれを他人に得させる」（刑法246条の２）ことが構成要件である。

まず，前段に関しては，「備付型」の電磁的記録（ファイル）を不正に操作することによって不法に利得する行為であり，たとえば，預金元帳ファイルに架空の入金事実を記録させる行為などである。

次に，後段に関しては，「携帯型」，「運搬型」の虚偽の電磁的記

録をコンピュータによる事務処理に利用する行為であり，虚偽の
プリペイドカードを使用して電車に無賃乗車する行為などである。

　なお，本罪が成立する場合には，電磁的記録不正作出罪（刑法
161条の２）が成立する可能性が高いことに注意すべきである。

③　刑　罰

　本罪の刑罰も詐欺罪と同様に10年以下の懲役である。

▶ 3. 詐欺罪と窃盗罪

　金融実務において詐欺罪と窃盗罪が問題となるのは，窃取した
預金通帳と印鑑，またはキャッシュカードで払戻しをすることで
あろう。

　この場合，通帳等を窃取した行為が窃盗罪になり，銀行窓口で
通帳と印鑑を使用して払戻しを受けると財物詐欺罪が成立する。
銀行員を騙して権利者を装って現金を取得しているからである。

　次に，キャッシュカードで払戻しを受けた場合はどうか。窃盗
罪が成立する。詐欺罪が成立しないのは，ＡＴＭは機械だから騙
されて財物を処分することがないからである。また，電子計算機
使用詐欺罪にも該当しない。虚偽の情報や不正の指令をコンピュ
ータに与えたわけではないからである。

　不正に入手したキャッシュカードを用いて，金
融機関のATMの口座から預金を引き出した場
合，詐欺罪ではなく窃盗罪が成立する。

関連過去問題
〈2級〉
✐2023年(10月)問24
✐2023年(6月)問24
✐2022年(10月)問24
✐2022年(6月)問23
〈1級〉
✐2023年(10月)問5
✐2023年(6月)問6
✐2022年(10月)問6
✐2022年(6月)問5
✐2021年(6月)問5
✐2019年(10月)問7
✐2018年(10月)問6

5　横領罪

▶ 1. 意　義

　刑法252条は，「自己の占有する他人の物を横領した者は，５年
以下の懲役に処する」と規定し，同法253条は，「業務上自己の占

有する他人の物を横領した者は，10年以下の懲役に処する」と規定している。前者を単純横領罪，後者を業務上横領罪という。なお，このほかに遺失物等横領罪（刑法254条）もあるが，金融機関職員の横領罪の多くを占める業務上横領罪を中心に説明する。

▶ 2. 構成要件

業務上横領罪の構成要件は，

ⅰ）業務上，

ⅱ）占有する他人物を，

ⅲ）横領すること

である。

重要用語
業務上横領罪

まず，「業務」とは，一般の社会生活上の地位に基づいて反覆または継続して行われる事務をいうが，業務上横領罪では，他人の物を占有保管する事務に限定される。したがって，金融機関の職員においても，職種によっては，業務性が異なることに注意すべきである。たとえば，金銭の保管を担当していない者については，横領罪ではなく窃盗罪が成立することもある。

重要用語
占有

次に，「自己の占有する他人物」であるが，「占有」とは，事実上または法律上，物に対する支配力を有する状態をいい，「他人物」とは，自分以外の所有に属する物のことである。なお，金銭のような代替物（物の個性が問題とならない代替可能な物）についても，委託も本旨に背いて自己のために消費した場合には横領罪に該当する。

重要用語
横領

また，「横領」とは，自己の占有下にある他人の物を自己の物のように処分し，または処分可能な状態におくことである。横領行為には，行為者の主体的態様として，「不法領得の意思」，すなわち他人の物の占有者が委託の任務に背いて，その物につき権限がないのに所有者でなければできないような処分をする意思が必要である。

なお，遺失物等横領罪の構成要件は，遺失物等占有を離れた他人の物を横領することである。したがって，路上に落ちている他人の財布等の財物を横領すると本罪が成立する。しかし，金融機関の店舗内など遺失者の占有が及ばないような場所でも，他人（当該金融機関）の占有が及ぶような場合には，単純横領罪や業務上横領罪が成立することになるから注意すべきである。つまり，遺失物等横領罪が成立するのは，公の場所に限られるのである。

▶ 3. 刑　罰

　単純横領罪は 5 年以下の懲役，業務上横領罪は10年以下の懲役，遺失物等横領罪が 1 年以下の懲役または10万円以下の罰金もしくは科料である。

業務上横領罪では，他人の物を占有保管する事務に限定され，金銭の保管を担当していない者については，業務上横領罪は成立しない。

6　犯罪と共犯

▶ 1. 意　義

　共犯とは，2 人以上が共同して犯罪を実行する場合をいう。共犯の形態として刑法は，共同正犯（同法60条），教唆犯（同法61条），従犯（同法62条）を定めている。共同正犯とは，犯罪を共同して行う者であって共犯でもあるが，正犯の一種でもある。教唆犯とは，正犯を教唆する者であり，従犯とは，正犯を幇助する者である。

▶ 2. 共同正犯

　共同正犯とは，2 人以上の者が共同して犯罪を実行した場合であるが，裁判例は共謀共同正犯を広く認めているから，犯罪の実

行行為を行わず，単に共謀した者も共同正犯となる。

共同正犯は，正犯であるから，正犯として処罰される。

▶ 3. 教唆犯

「教唆」とは，他人を唆して犯罪実行の決意を生じさせることである。その手段や方法は問わない。明示的でも暗示的でもよく，誘導，強迫，威嚇，甘言，指示などいずれの方法も広く認められる。ただし，共謀共同正犯と認められる場合には，教唆犯とはならない。また，正犯に当初から犯罪の決意があり，教唆をしたが精神的幇助に止まったような場合には，従犯となる。

教唆犯の刑罰は，正犯に準ずる。

▶ 4. 従　犯

「幇助」とは，正犯の実行行為を助け，その実現を容易にすることである。幇助の方法は，直接的，間接的，作為，不作為，有形的物質的，無形的精神的なものなどいずれの方法によってでも，正犯の実行行為を容易にすればよい。

従犯の刑罰は，正犯よりも軽減される。

▶ 5. 共犯と身分

特別背任罪の箇所で述べたように，一定の身分を有することが構成要件の一部になっている犯罪（構成的身分犯・真正身分犯）において，身分なき者が共犯となった場合にも，共犯が成立するとされ（刑法65条1項），身分によって刑の軽重ある犯罪（加減的身分犯・不真正身分犯）については，身分なき者には通常の刑罰が科せられる（同条2項）。したがって，業務上横領罪に加担した身分なき職員には，業務上横領罪の共同正犯または教唆犯もしくは従犯となり，刑罰は5年以下の懲役となる。

7 浮貸し

▶ 1. 意 義

「出資の受入れ，預り金及び金利等の取締りに関する法律」（以下「出資法」という）3条は，いわゆる「浮貸し」を禁止している。

「浮貸し」とは，金融機関の役職員等が，その地位を利用して，自己または当該金融機関以外の第三者の利益を図るため，金銭の貸付け，金銭の貸借の媒介または債務の保証を行うことである。

このように「浮貸し」が禁止された理由は，金融機関の役職員がその地位を利用してサイドビジネスを行うことにより，金融機関に対する一般的な信頼が害され，さらに預金者等に不測の損害を与える可能性が高いことにあるとされる。

▶ 2. 構成要件

「浮貸し」の構成要件は，

ⅰ）金融機関の役職員その他の従業者が，

ⅱ）その地位を利用して，

ⅲ）自己または第三者の利益を図るため，

ⅳ）金銭の貸付け，金銭貸借の媒介，債務の保証を行うことである。

まず，「金融機関」とは，銀行や保険会社等広くわが国において金融機関とされている団体であり，「役職員その他の従業者」とは，委任関係，雇用関係などを問わず，従業者とされている者である。

次に，「その地位を利用して」とは，金融機関の従業者であることにより有する有利な地位を利用することである。

また，「自己または第三者の利益を図るため」（以下「図利目的」という）とは，違法行為を行う従業者が当該本人もしくは当該金

関連過去問題

〈2級〉
- 2023年(10月)問37
- 2023年(6月)問35
- 2022年(10月)問36
- 2022年(6月)問35

〈1級〉
- 2023年(10月)問7
- 2022年(10月)問7
- 2021年(6月)問7
- 2019年(6月)問6

📖 重要用語
出資法

📖 重要用語
浮貸し

📖 重要用語
図利目的

第2編

融機関以外の第三者の利益を図る目的をもって，当該違法行為を
する必要があるということである。この「利益」とは，財産上の
利益に限定されず，たとえば当該銀行における自己の地位を保全
するなど，およそすべての利益を含むものと解されている。問題
となるのは，当該行為者に自己または第三者の利益を図る目的だ
けでなく，当該金融機関の利益をも図る目的があった場合である
が，このように目的が併存している場合でも，主たる目的が自己
または第三者の利益を図る目的であればよいとされている。

　最後に，禁止行為として列挙されている「金銭の貸付け」とは，
文字どおり金銭を貸し付けることであるが，手形の割引などによ
って金銭を交付することを含むとされている（出資法7条）。ま
た，「金銭貸借の媒介」とは，資金の需要者と供給者の間で仲介斡
旋することであり，「債務の保証」とは，金銭貸借につき当該金融
機関における肩書を利用して，当該金融機関が保証を行ったよう
に見せかけるような行為である。

▶ 3. 刑　罰

　「浮貸し」の刑罰は，3年以下の懲役または300万円以下の罰金
である（出資法8条3項）。なお，本罪は，金融機関の従業者の行
為を罰するのであるから，法人である金融機関が処罰されること
はない（同法9条）。

浮貸しの罪により処罰されるのは，その行為を
した金融機関の役職員であり，融資を受けた者
ならびに当該金融機関は処罰の対象とならない。

8 導入預金

関連過去問題
〈2級〉
✎ 2023年(6月)問36
✎ 2022年(10月)問37
✎ 2022年(6月)問36

▶ 1. 意　義

「預金等に係る不当契約の取締に関する法律」（以下「法」という）は，導入預金を禁止している。導入預金とは，預金者または媒介者が預金等に関し，特別の金銭上の利益（裏利）を得または得させる目的で，特定の第三者と意思を通じ，または自己のために，当該金融機関を相手方として，当該預金等に係る債権を担保として提供することなく，当該金融機関をして特定の第三者または自己に対して融資をさせ，もしくは債務の保証をさせることである。つまり，預金をする見返りとして，当該預金を担保に提供せず金融機関に融資などをさせることであり，これに預金者をして通常の利息以外の裏利を得ることや得させる目的が必要となるのである。

重要用語
預金等に係る不
当契約の取締に
関する法律

重要用語
導入預金

法は，導入預金を餌に金融機関に融資等の約束をさせることのみならず，金融機関に対しても導入預金を受け入れることも禁止している点に留意すべきである（法3条）。

導入預金が禁止された趣旨は，金融機関の経営の健全性を維持するためである。導入預金を禁止しなければ，金融機関の健全性が損なわれるのである。

▶ 2. 構成要件

① 法2条1項

ⅰ）預金者に預金について利息以外に裏利などの特別の金銭上の利益を得る目的があり，

ⅱ）預金者が特定の第三者と通謀し，

ⅲ）預金を受け入れた金融機関が当該預金を担保にとらず，

ⅳ）当該金融機関をして，特定の第三者に対し，資金の融資または債務の保証をすることを約束させること

② 法2条2項

ⅰ）預金媒介者に預金について，預金者に利息以外に裏利など
の特別の金銭上の利益を得る目的があり，

ⅱ）預金媒介者が特定の第三者と通謀し，または自己のために，

ⅲ）預金を受け入れた金融機関が当該預金を担保にとらず，

ⅳ）当該金融機関をして，特定の第三者に対し，資金の融資ま
たは債務の保証をすることを約束させること

③ 法3条

ⅰ）預金者または預金媒介者に法2条1項または2項に定める
目的があり，

ⅱ）金融機関が当該預金を担保にとることなく，

ⅲ）預金者または預金媒介者の指定する第三者もしくは預金媒
介者自身に，貸付けまたは債務の保証をすることを約し，

ⅳ）預金者または預金媒介者がその第三者と通謀し，もしくは
預金媒介者が自己のためにすること

④ 構成要件上の留意点

上記導入預金に関する構成要件における留意点は，以下のとお
りである。

導入預金が犯罪となるポイントは，金融機関が当該預金を担保
としないことである。したがって，金融機関が預金担保を設定す
れば，導入預金罪が成立する余地がなくなる。

次に，導入預金罪の成立には，すべて目的が必要である。つま
り，預金者には当該預金の利息以外の裏利を得る目的が，預金媒
介者には預金者をして利息以外の裏利を得させる目的があること
を要するのである。したがって，このような目的がない場合には，
導入預金罪は成立する余地がなくなる。これは，金融機関が導入
預金を受け入れることについても同様である（前記③ⅰ）参照）。

また，預金者または預金媒介者は，第三者と通謀していなけれ

ばならない。

▶ 3. 刑　罰

①　法2条1項および2項の罪

　3年以下の懲役もしくは30万円以下の罰金に処せられ，または
これを併科される（法4条1号）。

②　法3条の罪

　3年以下の懲役もしくは30万円以下の罰金に処せられ，または
これを併科される（法5条1項1号）。ただし，金融機関の役職員
が法3条に規定する旨約した場合でも，無過失で相手方が金銭上
の利益を得る目的または得させる目的があることを知らなかった
ときには，処罰を免れ，また，過失により知らなかった場合には，
情状により刑を免除されることがある（法5条2項・3項）点に
注意すべきである。

▶ 4. 導入預金の民事上の効力

　導入預金も，私法上の預金契約としては有効である。したがっ
て，預金契約は金融機関と預金者の間で成立しているから，金融
機関は，預金者からの払戻請求を拒絶できない（最判昭和49・
3・1金融・商事判例404号2頁）。

金融機関が預金担保を設定すれば，導入預金罪
は成立しない。

❶ 文書偽造罪における文書には，コピーは含まれない。

❷ 業務上横領罪では，他人の物を占有保管する事務に限定され，金銭の保管を担当していない者については，業務上横領罪は成立しない。

❸ 浮貸しの罪により処罰されるのは，その行為をした金融機関の役職員，融資を受けた者ならびに当該金融機関である。

解答 ❶ × 文書偽造罪における文書には，コピーも該当する。

❷ ○

❸ × 浮貸しの罪により処罰されるのは，その行為をした金融機関の役職員であり，融資を受けた者ならびに当該金融機関は処罰の対象とならない。

6 ｜ 独占禁止法関連

1 独占禁止法概説

▶ 1. 意義と目的

　独占禁止法の正式な名称は，「私的独占の禁止及び公正取引の確保に関する法律」である（以下「独禁法」という）。独禁法の目的は，市場における公正かつ自由な競争を促進することにあり，この目的を達成するため，競争を制限する行為を禁止し，競争的な市場構造を維持することにある。各種の経済市場において，公正かつ自由な競争が促進されることが国民の経済的幸福に直結するからである。

▶ 2. 規制対象

　独禁法の規制する行為や一定の状況には，ⅰ）私的独占および不当な取引制限（第2章），ⅱ）事業者団体の禁止行為（第3章），ⅲ）独占的状態の排除（第3章の2），ⅳ）株式の保有，役員の兼任，合併，分割，株式移転および事業の譲受けの制限（第4章），ⅴ）不公正な取引方法（第5章）がある。

　上記のうち，私的独占とは，事業者が単独または共同で他の事業者の活動を排除し，または支配することにより一定の取引分野の競争を実質的に制限することである。また，不当な取引制限とは，「カルテル」とも呼ばれ，事業者が他の事業者と共同して価格，数量，取引先等を決定することにより，相互の競争を回避することである。次に，事業者団体の禁止行為とは，取引分野を同じくする事業者が団体を結成して，価格同調などにより相互の自

重要用語

私的独占の禁止
及び公正取引の
確保に関する法
律

重要用語

私的独占

第2編

由な活動を制限することを禁止している。さらに，株式保有，役員兼任，合併および事業の譲受けについては，いわゆる企業結合の制限であり，企業結合によって事業支配力が過度に集中されることを禁止している。また，価格の同調的引上げについては，報告義務が課せられることがある。なお，不公正な取引方法については別途詳述する。

▶ 3. 公正取引委員会

📖重要用語

公正取引委員会

独禁法を司る国家機関は，公正取引委員会という独立行政委員会である（独禁法27条〜44条）。独禁法に抵触する行為は，公正取引委員会が調査し（同法47条），違反者に対して排除措置命令を行うことができる（同法61条）。

▶ 4. 独占禁止法の改正

平成21年6月10日に「私的独占の禁止及び公正取引の確保に関する法律の一部を改正する法律」（以下「改正法」という）が公布され，平成22年1月1日から施行された。改正点は多岐にわたるが，金融機関にとって重要な事項は，不公正な取引方法に対して課徴金が導入されたことである。課徴金とは，罰金のような刑事罰ではなく，行政上の措置として行為者の違法行為を契機に金銭を国庫に納付させる制度である。独禁法では平成18年から不当な取引制限等について課徴金が課せられるようになっていたが，改正法で適用範囲が拡大されたのである。すなわち，①不当廉売，②差別対価，③共同の取引拒絶，④再販売価格の拘束（同一の違反を繰り返した場合），⑤優越的地位の濫用にも適用されることになった。後記のように金融機関が陥りやすい独禁法違反に優越的地位の濫用があるが，このような事案については課徴金納付を命じられることがあることに注意すべきであろう。

2 不公正な取引方法

▶ 1. 不公正な取引方法の内容

　上記のように独禁法は，不公正な取引方法を禁止している。すなわち，独禁法19条が「事業者は，不公正な取引方法を用いてはならない」と定めているのである。ところで，ここに不公正な取引方法の具体的な内容は，公正取引委員会がすべての業種を対象に指定した「一般指定」と特定の業種について指定した「特殊指定」の２種があるが，金融機関に関係があるのは一般指定である。

　一般指定によって不公正な取引方法と定められている行為は，次のとおりである。

①	共同の取引拒絶
②	その他の取引拒絶
③	差別対価
④	取引条件等の差別取扱い
⑤	事業者団体における差別取扱い等
⑥	不当廉売
⑦	不当高価購入
⑧	ぎまん的顧客誘引
⑨	不当な利益による顧客誘引
⑩	抱き合わせ販売等
⑪	排他条件付取引
⑫	拘束条件付取引
⑬	取引の相手方の役員選任への不当干渉
⑭	競争者に対する取引妨害
⑮	競争会社に対する内部干渉

　これらの行為類型の中で，共同の取引拒絶は，原則的に違法行

関連過去問題

〈2級〉
- 2023年(10月)問29・30
- 2023年(6月)問28
- 2022年(10月)問29
- 2022年(6月)問28・29

〈1級〉
- 2021年(10月)問7
- 2020年(10月)問5

 重要用語

不公正な取引方法

 重要用語

一般指定

 重要用語

特殊指定

第2編

為とされ，その他の取引類型については，公正な競争に与える影響を個別具体的な事情を踏まえて認定され，違法か否かが判断されることになる。

▶ 2. 不公正な取引方法に対する措置

不公正な取引方法に該当すると，公正取引委員会から排除措置を受けることになる（独禁法20条）。具体的には，不公正な取引違反行為について，公正取引委員会が審査し，現実に不公正な取引に該当すると認定されると，当該行為について排除措置命令がなされる。排除措置命令には，ⅰ）違反行為の差止め，ⅱ）当該行為の実効性確保手段の破棄等，ⅲ）当該行為を行わないことの周知徹底などが含まれる。そして，行為者が公正取引委員会の認定を争わないのであれば，上記内容の排除措置命令が確定する。

重要用語

排除措置命令

▶ 3. 金融実務と不公正な取引方法

金融機関の取引実務において，不公正な取引方法が問題とされるのは以下のようなケースである。

種類	内容
共同の取引拒絶	金融機関が正当な理由なく，他の金融機関と共同して特定の者と取引をしない場合は，「一般指定」1号で禁止された共同の取引拒絶に該当する。
抱き合わせ販売	金融機関が顧客と取引するに際して，金融機関の関連会社の商品を利用することを強制するような場合（たとえば，融資条件として銀行の関連カード会社の法人カードに加入させることなど）には，「一般指定」10号で禁止された抱き合わせ販売に該当する可能性がある。
排他条件付取引	金融機関が取引をするに際して，顧客に他の金融機関との取引を禁止する場合には，「一般指定」11号で禁止された排他条件付取引に該当する可能性がある。
その他不公正な取引方法	いわゆる歩積および両建預金は，拘束性預金であり，これを強制することは，独禁法19条で禁止された優越的地位の濫用に該当する。

また，金融機関が取引先の人事や財務に不当に干渉することは，不公正な取引方法に該当する可能性がある。ただし，債権保全のために必要と認められる程度であれば許容される。実際の事件では，新規融資の条件として取締役全員の辞任，金融機関による人事権と経営権の掌握，プロパー役員の権限の制限がされた事案において，公正取引委員会から排除措置を受けている。

　近時，某メガバンクの金利スワップ商品4件の販売方法が不公正な取引方法（優越的地位の濫用）に該当すると認定され，公正取引委員会によって勧告審決を受けた事案がある。これは債務者に対するいわゆる押付け販売であって，このメガバンクは，上記事実に基づいて金融庁からも銀行法26条1項に基づく業務改善命令を受け，半年間にわたる法人営業部における金利系デリバティブ商品の販売禁止および法人部の新設が1年間禁止されるとの内容の厳重な処分を受けている。

不公正な取引方法について，整理しておきましょう。

3　カルテル

▶ 1. 意　義

　「カルテル」とは，前述のように独禁法上「不当な取引制限」として禁止されている行為である（同法2条6項・3条）。その具体的内容は，「事業者が，契約，協定その他何らの名義をもってするかを問わず，他の事業者と共同して対価を決定し，維持し，若しくは引き上げ，又は数量，技術，製品，設備若しくは取引の相手方を制限する等相互にその事業活動を拘束し，又は遂行することにより，公共の利益に反して，一定の取引分野における競争を実

関連過去問題

〈2級〉
✎ 2023年(10月)問28
✎ 2022年(10月)問28
✎ 2022年(6月)問27
〈1級〉
✎ 2023年(6月)問7
✎ 2021年(6月)問6

重要用語

カルテル

質的に制限すること」である。金融実務においては，金利や融資に関するカルテルが問題となる。

▶ 2. 要 件

　カルテルは，他の金融機関と共同して，一定の金融市場という取引分野における競争を実質的に制限するものでなければならない。したがって，カルテルが成立するためには，当該市場に影響を及ぼすような複数の金融機関の間で，金利等に関する合意がなければならないことに注意すべきである。単独では行うことができないし，複数の金融機関の合意があっても，当該地域の金融市場で少数派を形成するにすぎないのであれば，競争を実質的に制限することにならないからカルテルは成立しないのである。また，明示でなくても，少なくとも暗黙の合意が必要であるから，一般的な市場動向等の単なる意見交換にすぎない場合には，カルテルは成立しない。

📖 重要用語
暗黙の合意

　カルテルを実施した事業者は，それによって被害者等から損害賠償請求を受けることがあるが，独占禁止法では，この場合，事業者は故意または過失の有無を問わず，責任を免れることができないとされている（無過失損害賠償責任・独禁法25条2項）。

▶ 3. 効 果

　カルテルが成立したと公正取引委員会から認定されると，当該行為の差止め等の排除措置が下され（独禁法7条），課徴金が課されることがある（同法7条の2）。悪質であると判断されれば，告発を経て刑事罰が科される可能性もある（同法89条）。

📖 重要用語
課徴金

▶ 4. 具体例

　公正取引委員会は，平成16年6月23日に，香川県所在の6金融機関による学校諸費用の口座振替手数料を有料化した事案につき，価額カルテルと認定して，排除勧告を行った。

平成4年6月に当時の全国銀行協会連合会は、「銀行の公正取引に関する手引」を発出している（令和2年3月に七訂版が公表）。これは銀行が遵守すべき独禁法上の行動指針（コンプライアンス・プログラム）であり、金融機関の役職員にとって重要な指針である。

> カルテルを行った事業者に対しては、カルテルを排除する命令だけでなく、課徴金を納付するよう命じられることがある。

4 不当景品類及び不当表示防止法

▶ 1. 意　義

「不当景品類及び不当表示防止法」（以下「景品表示法」という）は、商品および役務（サービス）の取引に関する不当な景品類や不当な表示による顧客の誘引を防止するための法律であり、独禁法と同様に公正な競争を確保するとともに、消費者の利益を保護するという目的をもつ。独禁法との関係は、景品表示法が特別法となる。景品表示法は、不当な景品や表示から消費者を保護するという意義を担っているといえよう。

景品表示法が不当景品類と不当表示を規制しているのは、これらが横行すると、企業間の公正な競争が確保できず、ひいては消費者が被害を受けるからである。たとえば、原野商法のように、無価値の土地をあたかも価値があるように虚偽の表示をして売却することは、不当な表示によって消費者が被害を受けることが明白である。また、世界一周旅行のような過大な景品を提供することによって粗悪な商品を売却することは、消費者が過大な景品に

📖 重要用語

不当景品類及び
不当表示防止法

釣られて粗悪な商品を買わされる結果になることを考えると，最終的に一般消費者が被害を受けることになる。

そして，上記のような不当景品または不当表示は，業者間で拡大し，エスカレートする傾向が顕著だから，迅速かつ厳格な規制が要請される。本来，このような不当景品または不当表示は，独禁法の不公正な取引方法として規制されるのだが，独禁法の定める厳格な規制手続では迅速性の要請が充足できないおそれがある。そこで，景品表示法は，独禁法の特例として簡易迅速な規制手続を定めており，事業者間ないし事業者団体で締結される公正競争規約制度を定めている。

▶ 2. 不当景品類の規制

① 景品類とは

景品表示法2条3項は，「この法律で『景品類』とは，顧客を誘引するための手段として，その方法が直接的であるか間接的であるかを問わず，くじの方法によるかどうかを問わず，事業者が自己の供給する商品又は役務の取引に付随して相手方に提供する物品，金銭その他の経済上の利益であって，内閣総理大臣が指定するものをいう」と定義している。そして，公正取引委員会は，この規定に基づいて景品類を網羅的に指定した（昭和37年告示第3号）。具体的には，航空各社の行っているマイルサービスや一定金額の定期預金に付随する物品の提供などが該当する。

② 規制の内容

景品表示法4条は，「内閣総理大臣は，不当な顧客の誘引を防止し，一般消費者による自主的かつ合理的な選択を確保するため必要があると認めるときは，景品類の価額の最高額若しくは総額，種類若しくは提供の方法その他景品類の提供に関する事項を制限し，又は景品類の提供を禁止することができる」と定めている。内閣総理大臣は，この規定に基づいて規制しているが，この規制

はすべての業種に適用されるものと，特定の業種（現在は銀行業を含む29の業種が規制されている）に適用されるものがあり，前者の規制には，ア）懸賞による景品類の提供と，イ）一般消費者に対して懸賞の方法によらない景品類の提供がある。また，景品表示法は，上記のように各事業者団体が景品類に関する事項について，内閣総理大臣および公正取引委員会の認定を受けて，公正競争規約を作成することを認めており（景品表示法31条1項），これに基づいて規約を作成しているので，規約に従う必要がある。景品類に関する具体的な規約の概要は以下の表に示すとおりである。

補足

商品または役務の購入を条件としない「オープン懸賞」もあり，この場合の提供できる景品類の最高額に制限はない。

項目	内容
一般懸賞	最高額：取引価額が5,000円未満→取引価額の20倍 　　　　　取引価額が5,000円以上→10万円 景品類の総額：景品によって販売しようとする商品または役務の売上 　　　　　　　予定総額の2％
共同懸賞	最高額：30万円 景品類の総額：売上予定額の3％
総付懸賞	最高額：取引価額が1,000円未満→200円 　　　　　取引価額が1,000円以上→取引価額の20％

※　「一般懸賞」とは，抽選，クイズの正誤等の方法によって景品類の提供の相手方またはその価額を定める懸賞のうち，懸賞の実施主体が単独である場合をいい，実施主体が共同である場合を「共同懸賞」という。また，「総付懸賞」とは，特定の商品，役務を購入したすべての者に提供される景品をいう。

▶ 3. 不当表示の規制

① 表示とは

景品表示法2条4項は，「この法律で『表示』とは，顧客を誘引するための手段として，事業者が自己の供給する商品又は役務の内容又は取引条件その他これらの取引に関する事項について行う広告その他の表示であって，内閣総理大臣が指定するものをいう」と定義している。公正取引委員会は，この規定に基づいて表示の

具体的内容を定めた（昭和37年告示第3号）。

すなわち，告示によれば，

ⅰ）商品，容器または包装による広告その他の表示およびこれらに添付した物による広告その他の表示

ⅱ）見本，チラシ，パンフレット，説明書面その他これらに類似する物による広告その他の表示（ダイレクトメール，ファクシミリ等によるものを含む）および口頭による広告その他の表示

ⅲ）ポスター，看板（プラカードおよび建物または電車，自動車に記載されたものを含む），ネオンサイン，アドバルーン，その他これらに類似する物による広告または陳列物または実演による広告

ⅳ）新聞紙，雑誌その他の出版物，放送（有線または拡声器による放送を含む），映写，演劇または電光による広告

ⅴ）情報処理の用に供する機器による広告その他の表示（インターネット，パソコン通信等によるものを含む）

の5種類が表示の内容とされている。

② 規制の対象

不当表示として禁止される類型は以下のとおりである（景品表示法5条）。

禁止される類型	内容
優良誤認 （景品表示法5条1号）	商品または役務の品質，規格その他の内容について，一般消費者に対し，実際のものより著しく優良であると示し，または事実に相違して当該事業者と同種もしくは類似の商品もしくは役務を提供している他の事業者に係るものよりも著しく優良であると示す表示であって，不当に顧客を誘引し，一般消費者による自主的かつ合理的な選択を阻害するおそれがあると認められるもの。
有利誤認 （景品表示法5条2号）	商品または役務の価格その他の取引条件について，実際のものまたは当該事業者と同種もしくは類似の商品もしくは役務を供給している他の事業者に係るものよりも取

	引の相手方に著しく有利であると一般消費者に誤認される表示であって，不当に顧客を誘引し，一般消費者による自主的かつ合理的な選択を阻害するおそれがあると認められるもの。
その他不当表示 （景品表示法5条3号）	前2号に掲げるもののほか，商品または役務の取引に関する事項について，一般消費者に誤認されるおそれがある表示であって，不当に顧客を誘引し，一般消費者による自主的かつ合理的な選択を阻害するおそれがあると認めて内閣総理大臣が指定するもの。

　景品表示法5条1項3号に基づいて公正取引委員会が指定した表示のうち，金融機関に関係のあるのは，「消費者信用の融資費用に関する不当な表示」（昭和55年告示第13号）である（消費者庁に引き継がれている）。

　令和5年5月17日に公布された「不当景品類及び不当表示の防止に関する法律の一部を改正する法律」（令和5年法律第29号。以下「改正法」という。）によって，優良誤認表示および有利誤認表示の違反行為に罰則が設けられ，違反行為者には100万円の罰金が科せられることとなった（改正法48条）。法人についても同様である（改正法49条）。なお，改正法は公布の日から1年6月を超えない政令で定める日から施行される。

③　公正競争規約による規制

　全国銀行公正取引協議会が定める「銀行業における表示に関する公正競争規約」13条から不当表示として禁止されている表示の類型は，以下のとおりである。したがって，自己の金融商品が最高の金融商品であるとするような表示は禁止されることになる。

　ⅰ）利息その他の収益性について，表示の時点において確定しているものよりも著しく優良または有利であると誤認されるおそれのある表示，その他預貯金等の収益性に関して誤認されるおそれのある表示

ⅱ）実際には預金保険制度の適用または元本保証がないにもか
かわらず，あたかもこれがあるかのように誤認されるおそれのあ
る表示，その他預貯金等の安全性に関して誤認されるおそれのあ
る表示

ⅲ）実際には預入または払出しに係る制限があるにもかかわら
ず，あたかもこれがないかのように誤認されるおそれのある表示，
その他預貯金等の流動性に関して誤認されるおそれのある表示

ⅳ）実際には自ら行っていない業務をあたかも行っているかの
ように誤認されるおそれのある表示，または実際には業務提携を
行っていないにもかかわらず，あたかも行っているかのように誤
認されるおそれのある表示

ⅴ）自己の提供するサービス（他者との提携により提供するも
のを含む）について，実際には手数料を徴収するにもかかわらず，
無料で利用できるかのように誤認されるおそれのある表示

ⅵ）実際には適用しない金利または手数料を比較対照価格とす
ることにより，実際のものよりも著しく有利であると誤認される
おそれのある表示

ⅶ）実際には取引する意思がないと認められる金融商品または
サービスについて，取引できると誤認されるおそれのある表示

ⅷ）金融商品等に関する具体的な情報を提供するためのもので
はなく，単に他者またはその金融商品等を陥れるため，殊更その
欠点を指摘するような誹謗・中傷の表示

ⅸ）その他実際のものまたは競争関係にある他者にかかるもの
よりも，著しく優良または有利であると誤認されるおそれのある
表示

④　**具体例**

銀行等の金融機関において，不当表示が問題となった近時の事
例として，次のものがある。

すなわち，某銀行が外貨預金広告において，有利誤認に該当すると認定され，警告を受けた事案である。これは新聞広告であるが，その具体的内容は，1,000万円預ければ，月額3万円程度，年間35万円以上の利息を受け取ることができるとした記載があったが，現実には為替手数料を引かれることから受領できる金額が10万円から12万円程度にすぎないものであった。為替手数料に関する記載がされていたものの，受取利息額の記載から離れた場所に小さな字で書かれていたことから，かかる記載では一般消費者に誤認を与えることを防止できないとされたのである。

⑤　課徴金納付命令制度

ⅰ）課徴金納付命令制度の導入

不当表示については，平成28年4月1日から課徴金納付命令制度が導入されている。

具体的には，優良誤認表示と有利誤認表示が対象とされ，3年間を上限とした売上高の3％に該当する課徴金が課されている。ただし，事業者が対象期間を通じて，不当表示であることを知らず，かつ，知らなかったことについて相当の注意を怠った者ではないと認められる場合には，課徴金を課されることはない（景品表示法8条1項）

また，事業者が自らの不当表示を自己申告した場合には，課徴金が50％に減額される（同法9条）。

さらに，被害回復を促進する観点から，一般消費者に対する返金措置の実施による課徴金の減額が認められている（同法10条・11条）。

ⅱ）改正法

景品表示法の令和5年改正法は，課徴金制度について，次の改正を行っている。

すなわち，課徴金の計算の基礎となるべき事実を把握できない

期間について，売上額を推定できる定めを導入した（改正法8条4項）。また，違反行為をした事業者が当該行為から遡って10年以内に課徴金納付命令を受けていた場合には，課徴金額が1.5倍（4.5％）に加算される（同条5項）。

7 | 金融商品取引法関連

1 金融商品取引法の意義

▶ 1. 制定の経緯

　金融庁所管の金融審議会において2年間にわたり審議を行って得た報告（「投資サービス法（仮称）に向けて」平成17年12月22日金融審議会金融分科会第一部会報告）に基づいて立案された法律である。立法の形式としては，証取法の改正法として制定されている。

▶ 2. 目　的

　金商法は，

　　ⅰ）国民経済の健全な発展と投資者保護を最終的な目的として

　　　ア）企業内容等の開示制度を整備し

　　　イ）金融商品取引業者に関して必要な事項を定め

　　　ウ）金融商品取引所の適切な運営を確保すること等の手段に
　　　　よって

　　ⅱ）有価証券の発行および金融商品等の取引等を公正にし

　　ⅲ）有価証券の流通を円滑にするほか

　　ⅳ）資本市場の機能の十全な発揮による金融商品等の公正な価格形成等を図るための法律である。

　すなわち，ⅰ）の目的達成を最終目標として，ア）ないしウ）の制度を整備し，ⅱ）ないしⅳ）の効果を上げるための法律である。

▶ 3. 内　容

　金商法は，上記目的を達成するために，有価証券の売買に代表される金融商品取引（従来は証券取引とされていたもの）につき，その範囲を明確にして，金融商品の取引市場である金融商品取引所制度を整備し，プレイヤーである金融商品取引業者を規制し，金融商品の取引に関するルールを明確にして，健全な市場の育成と投資者保護制度について定めている。他方，投資者保護および市場の健全性確保のため，企業の情報開示について詳細なルールを定めるとともに，公開買付制度やこれに関する情報開示，有価証券の大量保有報告に関するルールなどを厳格化することによって不公正な取引を排除している。さらに，インサイダー取引等の不公正取引を違法行為として，厳罰をもって禁止しているのである。

▶ 4. 投資商品販売と金商法

①　銀・証分離の原則があるので，銀行等の金融機関が有価証券関連業務を行うには登録を必要とする。

②　登録金融機関にも金商法の行為規制が適用される。

③　金融商品仲介業務についても登録が必要で行為規制がある。

2 投資商品販売実務における改正事項

関連過去問題

〈2級〉

✎ 2023年(10月)問33

✎ 2023年(6月)問31

✎ 2022年(10月)問32

▶ 1. 登録金融機関

①　銀・証分離原則の維持（金商法33条１項）

　証取法と同様に銀行等の金融機関は，原則として有価証券関連業務（従来の証券業務）と投資運用業務を行ってはならない。

②　例　外

　上記原則にもかかわらず，書面取次ぎ行為，一定の有価証券または取引に関する行為，投資助言・代理業，有価証券管理業務を

内閣総理大臣の登録を受けて行うことができる（金商法33条２項・３項・33条の２，銀行法11条１号・２号）。なお，証取法上，書面取次ぎ行為は登録を受けずに行うことができたが，金商法では登録が必要とされた（同法33条の２第１号）。また，有価証券等管理業務については，銀行法によって銀行の付随業務として「有価証券の保護預り」（銀行法10条２項10号）が認められているところ，金商法では登録金融機関の業務として行為規制（同法43条ないし43条の４）の対象としたのである。

　これにより銀行等の金融機関は，登録を受けて投資信託の販売等を行うことができるのであり，登録を受けた金融機関だから「登録金融機関」と呼ばれる。

　ただし，登録金融機関も投資運用業を行うことはできない。銀・証分離の原則が潜脱されるからである（銀行等が顧客と投資一任契約を締結して運用を行えば有価証券関連業務を広く行うことができることになる）。しかし，銀行等の子会社が投資運用業務を行うことを妨げるものではなく（金商法33条の７），信託銀行については，平成19年９月30日の金商法施行に伴って廃止された証券投資顧問業法の下において，信託兼営銀行に認可を受けて投資一任業務ができることとされていたことから，禁止されていない（同法33条の８第１項）。

▶ 2. 金融商品取引業者等の義務（行為規制）

A　総　論

①　行為規制の多様化

　金商法は，投資者保護の観点から証取法と同様に登録金融機関を含めた金融商品取引業者等に多くの義務を課している。これらの義務の多くは証取法から承継したものであるが，禁止行為に不招請勧誘の禁止，再勧誘の禁止が付加されたことや適合性の原則がより詳細に規定される等の改正がされている。他方，一任勘定

取引の禁止が禁止行為から外れる等の規制の柔軟化も図られている。さらに，特定投資家（機関投資家・国・日本銀行・投資者保護基金その他内閣府令で定める法人等）を相手とする場合には，適合性の原則等の規制が適用されない。

② 登録金融機関に関する行為規制

証取法では，明確な準用規定（同法65条の2第5項）があったが，金商法では，34条（第3章「金融取引業者等」第1節「総則」の第5款「特定投資家」の冒頭）に「金融商品取引業者等」の定義がされており，それによると，「金融商品取引業者等とは，金融商品取引業者または登録金融機関をいう」とされている。そして，金商法の行為規制は，36条の4（社債の管理の禁止等）を除いて「金融商品取引業者等」が主語となっているから，登録金融機関にも適用される。ただし，投資運用業については，前記のように信託銀行でなければできないので，行為規制の適用もない。なお，登録金融機関に適用される主要な行為規制については，後記3で説明する。

B 各 論（○印は銀行等にも適用あり，×印は適用なし，△印は銀行等本体ではできない業務にかかる規制を示す）

一般的な規制	
項目	銀行等への適用の有無
顧客に対する誠実義務（金商法36条）	○
標識掲示義務（同法36条の2）	○
名義貸しの禁止（同法36条の3）	○
広告等の規制（同法37条）	○

(注1) 令和5年改正法によって「顧客に対する誠実義務」は，金融サービス提供法2条に移され，金商法上の規定は「顧客の利益の保護のための体制整備」とされているので，改正法施行後はこれによる。

金融商品取引業に対する規制	
項目	銀行等への適用の有無
社債の管理の禁止等（金商法36条の4）	×
取引態様の事前明示義務（同法37条の2）	○
契約締結前の書面の交付（同法37条の3）	○
契約締結時等の書面の交付（同法37条の4）	○
保証金の受領に係る書面の交付（同法37条の5）	○
指定紛争解決機関との契約締結義務等（同法37条の7）	○
禁止行為（同法38条）	○
損失補てん等の禁止（同法39条）	○
適合性の原則等（同法40条）	○
最良執行方針等（同法40条の2）	○
分別管理が確保されていない場合の売買等の禁止（同法40条の3）	○

(注2) 令和5年改正法によって「契約締結前の書面の交付」は「契約締結前の情報の提供」に,「契約締結時の書面の交付」は「契約締結時の書面の交付」に改められているので,改正法施行後はこれによる。

投資助言業に対する規制	
項目	銀行等への適用の有無
投資顧問契約等の締結,解約に関する偽計または暴力もしくは脅迫の禁止（金商法38条の2第1号）	○
損失補てん等を約束して勧誘することの禁止（同法38条2第2号）	○
顧客に対する忠実義務および善管注意義務（同法41条）	○
利益相反行為または損失補てん行為の禁止（同法41条の2）	○
有価証券の売買等の禁止（同法41条の3）	○
金銭または有価証券の預託の受入れ等の禁止（同法41条の4）	○
金銭または有価証券の貸付け等の禁止（同法41条の5）	○

第2編

投資運用業に対する規制	
項目	銀行等への適用の有無
投資一任契約等の締結，解約に関する偽計または暴行もしくは脅迫の禁止（金商法38条の2第1号）	△
損失補てん等を約束して勧誘することの禁止（同法38条2第2号）	△
権利者に対する忠実義務および善管注意義務（同法42条）	△
利益相反行為または損失補てん行為の禁止（同法42条の2）	△
運用権限の委託に対する制限（同法42条の3）	△
分別管理義務（同法42条の4）	△
金銭または有価証券の預託の受入れ等の禁止（同法42条の5）	△
金銭または有価証券の貸付け等の禁止（同法42条の6）	△
運用報告書の交付義務（同法42条の7）	△

有価証券等管理業に対する規制	
項目	銀行等への適用の有無
善管注意義務（金商法43条）	○
分別管理義務（同法43条の2・43条の3）	○
顧客の有価証券を担保に供する行為等の制限（同法43条の4）	○

弊害防止措置	
項目	銀行等への適用の有無
2つ以上の種別の業務を行う場合の禁止行為（金商法44条）	○
その他の業務に係る禁止行為（同法44条の2）	○
親法人等または子法人等が関与する行為の制限（同法44条の3）	○

3　登録金融機関の行為規制

▶ 1. 誠実公正義務（金商法36条1項）

金商法36条1項は，「金融商品取引業者等並びにその役員及び使用人は，顧客に対して誠実かつ公正に，その業務を遂行しなければならない」と定めている。

前記のとおり，令和5年改正法によって，金融商品取引業者等の誠実公正義務は，金融サービス提供法2条に移されているので，同法施行後は本章における「誠実公正義務」を削除する。

この誠実公正義務に違反しても刑事罰の対象とはならないが，金融商品取引業の根源的義務と解され，金融商品取引業等に従事する者は，常にこの義務を忘れてはならない。

この義務は，証取法33条を承継したものであり，平成2年（1990年）に証券監督者国際機構が提起した行為規範原則から採用したものであって，平成4年（1992年）の改正で規定されることとなった。本規定による義務は，顧客の資産を取り扱う金融商品取引業者等およびその関係者としては，当然の内容ではあるが，従来，証券取引業界では，顧客よりも業者の利益が優先される傾向があった。そこで，上記改正に至ったのである。

昨今の金融監督行政では，顧客の利益を保護することに主眼がおかれている。証券会社はもとより，銀行等の登録金融機関においても顧客の利益より自己の利益を優先すれば，業務改善命令等の行政処分が発令されることも十分考えられるところである。

▶ 2. 標識掲示義務（金商法36条の2）

金融商品取引業者等は，営業所または事務所ごとに，公衆の見やすい場所に，内閣府令で定める様式の標識を掲示しなければならない（標識掲示義務。金商法36条の2第1項）。

この規定に違反すると，30万円以下の罰金に処せられる（金商

📖 重要用語
誠実公正義務

第2編

📖 重要用語
標識掲示義務

法205条の２の３第３号)。

　この義務は，金商法の施行で廃止される金融先物取引法66条の規定を承継したものである。

　金融商品取引業は，内閣総理大臣の登録を受けてできる業種だが，金融資産に関する業務であることから，違法行為を業とする詐欺的な業者が絶えず，被害者も相当数になっている。そこで，金商法は，すべての業者に標識掲示を義務付けたのである。また，これに違反すると罰金が科せられることは上記のとおりである。

　なお，金商法36条の２第２項には，金融商品取引業者等でない者が標識またはこれに類似する標識を掲示してはならないと規定しており，これに違反した者は，30万円以下の罰金に処せられる（金商法205条の２の３第４号)。

!　注 意

令和５年改正法
施行後は36条の
２第3項となる。

▶ 3. 名義貸しの禁止（金商法36条の３）

　金融商品取引業者等は，自己の名義をもって，他人に金融商品取引業（登録金融機関にあっては，登録金融機関業務）を行わせてはならない。

　名義貸しを行った者は，３年以下の懲役もしくは300万円以下の罰金またはその併科となり（金商法198条２号)，名義貸しを行った法人等も３億円以下の罰金に処せられる（同法207条１項３号)。

　名義貸しとは，内閣総理大臣の登録を受けた金融商品取引業者等が自己以外の者に金融商品取引業等を行わせることである。

　名義貸しは，登録を受けていない業者があたかも登録を受けた業者を装って有価証券の売買等の金融商品取引を行うのだから，投資者を害する詐欺的な違法行為の温床となる。そこで，金商法は，刑罰をもってこれを禁止したのである。なお，この義務は，証取法35条を承継したものである。

▶ **4. 広告等における表示義務**（金商法37条1項）

A　法定記載事項

　金融商品取引業者等は，広告その他これに類似するものとして内閣府令で定める行為をするときは，次に掲げる事項を表示する必要がある（広告等における表示義務。金商法37条1項）。

---

① 当該金融商品取引業者等の商号，名称または氏名

② 金融商品取引業者等である旨および当該金融商品取引業者の登録番号

③ 当該金融商品取引業者等の行う金融商品取引業の内容に関する事項であって，顧客の判断に影響を及ぼすこととなる重要なものとして政令で定めるもの

B　金商法施行令16条

　上記A③を受けて金商法施行令16条1項は，広告等において表示すべき事項として次の定めをしている。

---

① 顧客が支払うべき手数料等の対価に関する事項であって内閣府令で定めるもの（1号）

② 顧客が預託すべき委託証拠金等の額または計算方法（2号）

③ 顧客が行うデリバティブ取引等の額が当該デリバティブ取引等について顧客が預託すべき委託証拠金等の額を上回る可能性がある場合には，その旨と取引額と保証金等の額の比率（3号）

④ 金利，通貨の価格，相場その他の指標に係る変動を直接の原因として損失が生ずることとなるおそれのある場合には，当該指標，損失のおそれのある旨およびその理由（4号）

関連過去問題

〈2級〉
✐ 2023年(10月)問34
✐ 2023年(6月)問32
✐ 2022年(10月)問33
✐ 2022年(6月)問32

重要用語

**広告等における
表示義務**

第2編

⑤　前号の損失の額が保証金等の額を上回る（元本超過損）
　　おそれがある場合には，直接の原因となる指標，元本超過
　　損のおそれがある旨およびその理由（5号）
⑥　店頭デリバティブ取引における売付価格と買付価格の差
　　（6号）
⑦　その他内閣府令で定める事項（7号）

＊以下では，④と⑤を併せて「リスク関連表示」という。

　また，金商法施行令16条2項は，テレビ・ラジオの放送媒体または看板広告等に表示する場合には，表示事項の例外として，元本欠損（超過損を含む）のおそれがある旨および契約締結前書面等を十分に読むべき旨だけを表示すればよいとしている（金商業等府令77条2項・72条3号二）。

C　金商業等府令

　その他，金商業等府令には次の定めがある。

①　広告の範囲〜広告類似行為（金商業等府令72条）

　金商法37条1項に定める「広告その他これに類似するものとして内閣府令で定める行為」とは，「郵便，信書便，ファクシミリ装置を用いて送信する方法，電子メールを送信する方法，ビラ又はパンフレットを配布する方法その他の方法により多数の者に対して同様の内容で行う情報の提供」である。

　ただし，金融庁が，金融商品取引法施行令案および内閣府令案を出した際のパブリックコメントに関する「コメントの概要及びコメントに対する金融庁の考え方」（以下「パブコメ」という）の結果，次に記載する方法が広告類似行為から除外されている。

　ⅰ）法令または法令に基づく行政官庁の処分に基づき作成された書類を配布する方法
例：有価証券報告書等

ⅱ）個別の企業の分析および評価に関する資料であって，金融商品取引契約の締結の勧誘に使用しないものを配布する方法

例：アナリスト・レポート

ⅲ）次に掲げるすべての事項のみが表示されている景品その他の物品（ⓞから㊁までに掲げる事項について明瞭かつ正確に表示されているものに限る）を提供する方法（当該事項のうち景品その他の物品に表示されていない事項がある場合にあっては，当該景品その他の物品と当該事項が表示されている他の物品とを一体のものとして提供する方法を含む）

例：ノベルティグッズ（次の表示が必要であることに注意）

ⓘ　金融商品取引契約等の名称，銘柄または通称

ⓞ　金融商品取引業者等の商号，名称もしくは氏名またはこれらの通称

ⓗ　指標の変動を直接の原因として損失が生ずることとなるおそれがある場合にあっては，当該指標および当該指標の変動により損失が生ずるおそれがある旨（損失の額が保証金等の額を上回るおそれがある場合にあっては，そのおそれがある旨を含む）

㊁　契約締結前交付書面・上場有価証券等書面・目論見書・契約変更書面のいずれかの書面の内容を十分に読むべき旨

なお，パブコメには，「一般的に広告とは，随時又は継続してある事項を広く（宣伝の意味も含めて）一般に知らせることをいうと考えられます。金融商品取引業の内容に関するものでない場合には，これに該当しないものと考えられます」（パブコメ227頁14項）との記述がある。つまり，金融庁の考えは，広告の意味を広く捉え，商品勧誘目的等の目的を問わないのであり，広告の意義を拡大的に解釈することにより規制範囲も拡大することに留意

すべきである。

② **広告の表示方法**（金商業等府令73条）

ⅰ）金商法37条1項所定の事項を明瞭かつ正確に表示しなければならない（1項）。

ⅱ）リスク関連表示に関する文字や数字は，最も大きな文字や数字と著しく異ならない大きさで表示する（2項）。

ⅲ）ＴＶＣＭ，ＴＶＣＭと同内容のインターネット広告，看板・広告塔などにおいては，損失（元本超過損を含む）が生ずるおそれに関する文字や数字は，最も大きな文字や数字と著しく異ならない大きさで表示する（3項）。

③ **対価に関する事項**（金商業等府令74条）

ⅰ）名称を問わず，顧客が支払う対価については，種類ごとの金額もしくはその上限額またはこれらの計算方法の概要および当該金額の合計額もしくはその上限額またはこれらの計算方法の概要を表示する。ただし，表示できない場合には，その旨およびその理由を表示する（1項）。すなわち，種類の金額等と合計額の表示を必要とするのである。

ⅱ）いわゆるファンド・オブ・ファンズについても，投資者保護の観点から，投資対象に係る手数料等についても表示すべき手数料とされている（2項ないし4項）。

D　罰　則

　金融商品取引業者等が金商法37条1項に違反すると，6月以下の懲役もしくは50万円以下の罰金または併科に処せられ（同法205条10号），法人等については，50万円以下の罰金に処せられる（同法207条1項6号）。

広告等の規制の対象になるものとならないものについて，整理しておきましょう。

▶ 5. 不当表示等の禁止（金商法37条2項）

　金融商品取引業者等は，その行う金融商品取引業に関して広告その他これに類似するものとして内閣府令で定める行為をするときは，金融商品取引行為を行うことによる利益の見込みその他内閣府令で定める事項について，著しく事実に相違する表示をし，または著しく人を誤認させるような表示をしてはならない（金商法37条2項）。

　金融商品取引業者等が広告等を用いて勧誘行為等をするについて，利益の見込み等の事項につき，著しく事実に相違し，または人を誤認させるような不当な表示をしてはならないのである。金融商品取引の勧誘等においては，収益を高く見積もることや他と比べて有利にみせかけることなどがありがちなことから，かかる規制がされているのである。

　なお，本規定に違反すると，6月以下の懲役もしくは50万円以下の罰金または併科に処せられ（同法205条11号），法人等については，50万円以下の罰金に処せられる（同法207条1項6号）。

▶ 6. 取引態様の事前明示義務（金商法37条の2）

　金融商品取引業者等は，顧客から有価証券の売買または店頭デリバティブ取引に関する注文を受けたときは，あらかじめ，その者に対して「自己がその相手方となって当該売買若しくは取引を成立させるか，又は媒介し，取次ぎし，若しくは代理して当該売買若しくは取引を成立させるかの別」を明らかにしなければならない（金商法37条の2）。

　この規定は，証取法38条を承継する規定であり，取引に先立って顧客と業者の利益相反の有無を明確に告知せよとするものである。

　すなわち，金融商品取引業者等が顧客の相手方となる取引においては，顧客と業者の利益が明確に相反する。たとえば，有価証

券の売買においては，顧客の利益を減少させれば，業者の利益が増加する。他方，金融商品取引業者等が媒介，取次ぎ，代理の形態で顧客の注文を受けるのであれば，顧客と業者の利益が対立することはない。

顧客にとって，業者が相手方となるか単なる媒介等を行うだけかは重要な意味がある。そこで，金融商品取引業者等に取引態様を明示する義務を課しているのである。

▶ 7. 契約締結前の書面交付義務（金商法37条の3）

A 法定記載事項

金融商品取引業者等は，金融商品取引契約（顧客を相手方とし，または顧客のために金融商品取引行為（金商法2条8項に定める行為）を行うことを内容とする契約）を締結しようとするときは，内閣府令で定めるところにより，事前に顧客に対し，次の①〜⑦の事項を記載した書面を交付する必要がある。ただし，投資者保護に支障を生ずることがないとして内閣府令で定める場合には交付義務は免除される（同法37条の3）。

また，契約締結前書面交付義務は，金融商品取引業者等と顧客との間の情報格差の是正を目的とした行為規制であり，特定投資家（プロ）には適用されない。

---

① 金融商品取引業者等の商号，名称または氏名および住所

② 金融商品取引業者等である旨および登録番号

③ 当該金融商品取引契約の概要

④ 手数料，報酬その他の当該金融商品取引契約に関して顧客が支払うべき対価に関する事項であって内閣府令で定めるもの

⑤ 顧客が行う金融商品取引行為について金利，通貨の価格，金融商品市場における相場その他指標にかかる変動により

損失が生ずることとなるおそれがあるときはその旨

⑥　⑤の損失の額が顧客の預託すべき委託証拠金その他の保証金その他内閣府令で定めるものの額を上回るおそれのあるときはその旨

⑦　上記以外に顧客の判断に影響を及ぼすこととなる重要なものとして内閣府令で定める事項

B　金商法施行令および金商業等府令による記載事項

金商法施行令と内閣府令で定められた記載事項を分類して説明すると次のようになる。

①　業者に関する事項

この分野に属する事項は，名称等，住所，登録番号，概要，現実に行っている取引業の内容や方法の概要，連絡方法，加入している金融商品取引業協会や認定投資者保護団体の有無がこれに該当する。

②　手数料等の対価

次に，顧客が負担する費用のうち，特に業者等の手数料等の対価がある。たとえば，投資信託では，販売業者の手数料以外にも信託報酬等があるので注意すべきである。

③　契約の概要とリスク関連事項

次に，契約の概要と金融商品のリスクに関する事項がある。リスク関連事項については，金融サービス提供法でも説明義務のある事項となっていることに注意すべきであろう。

リスク関連事項の内容として記載すべき事項は，元本割れ等のリスクが存在するという事実，リスクの原因となる変動する指標等，当該指標等により損失が生ずる理由である。

たとえば，金融機関が取り扱っている中期国債ファンドを例にして，具体的かつ簡潔に説明すると次のようになる。

「中期国債ファンドには，元本割れのリスクがあります。このリスクは，次の３つのリスクからなるものです。第一に「市場（価格変動）リスク」です。中期国債ファンドは公社債を主たる投資対象としていますが，公社債の投資に係る価格変動リスクがあるのです。一般的には公社債の価格は市場金利の変動等を受けて変動します。

第二に「信用リスク」です。これは有価証券等の発行主体や取引先の経営・財務状況が悪化した場合やそれが予想される場合に，当該有価証券の価格が下落すること，最悪の場合にはその価値がなくなること，その他利払等が遅滞し，債務不履行状態に陥ることなどです。公社債投信ですから，発行者等の信用悪化が損失につながるおそれがあるのです。

最後に，「流動性リスク」です。これは市場で投資対象となっている有価証券を売却または取得できないというリスクです。市場に十分な需要や供給がない場合や取引規制等があって流通性を確保できないため，取引を行えないまたは不可能となるようなリスクなのです。中期国債ファンドにおいても，組み入れている公社債の売却を十分な流動性のもとで行えない場合には，価格が下落し，基準価格の下落要因となることがあります」

リスク関連事項に関する記載方法については，枠の中に12ポイント以上の文字で記載しなければならない（金商業等府令79条２項）ことに注意すべきである。

④　その他の事項

次に，その他の事項としては，契約の終了事由やクーリング・オフの適用の有無等の契約に関する事項と「契約締結前書面を十分に読むこと」がある。特に後者は契約締結前交付書面の冒頭に12ポイント以上の文字で記載しなければならない。

⑤　交付の方法

顧客の承諾を得れば，上記書面に代えて電子情報処理組織を使用する方法等により，情報を提供することができ，この場合には書面交付は不要である（金商法37条の3第2項・34条の2第4項）。

C　罰　則

　本義務に違反した者は，6月以下の懲役もしくは50万円以下の罰金または併科に処せられ（同法205条12号），法人等については，50万円以下の罰金の処せられる（同法207条1項6号）。

▶ 8. 契約締結時等の書面交付義務（金商法37条の4）

　金融商品取引業者等は，金融商品取引契約が成立したときその他内閣府令で定めるときは，遅滞なく，内閣府令で定めるところにより，書面を作成し，顧客に交付しなければならない（金商法37条の4）。

　なお，顧客の承諾を得れば，上記書面に代えて電子情報処理組織を使用する方法等により，情報を提供することができ，この場合には書面交付は不要である（同条2項・34条の2第4項）。

　本義務に違反した者は，6月以下の懲役もしくは50万円以下の罰金または併科となり（同法205条12号），法人等については，50万円以下の罰金に処せられる（同法207条1項6号）。

　証券取引は，顧客の委託を受けて，その注文に基づいて有価証券の売買等を行うものが多いので，当該取引が成立すれば，遅滞なく注文者である顧客に報告すべきである。そのような意味で証取法のもとでは取引報告書の交付義務と呼ばれていた。金商法においても上記書面による報告義務が維持されており，その範囲が拡大されている。

▶ 9. 勧誘における禁止行為（金商法38条）

　金融商品取引業者等またはその役員もしくは使用人の勧誘における禁止行為は次のとおりである。

！ 注意

令和5年改正法施行後は「契約締結時の情報提供義務」となる。

第2編

関連過去問題

〈2級〉
🖋 2023年(10月)問32
🖋 2023年(6月)問30
🖋 2022年(10月)問31
🖋 2022年(6月)問31
〈1級〉
🖋 2023年(10月)問7
🖋 2020年(10月)問7
🖋 2019年(6月)問5

① 虚偽告知

重要用語

虚偽告知

金融商品取引契約の締結またはその勧誘に関して，顧客に対し虚偽のことを告げる行為（虚偽告知）が禁止されている（同条１号）。

金融商品取引業者が契約の締結や勧誘について，顧客に虚偽事実を告知することは背信的行為であるから，当然の禁止行為であろう。証取法においても42条１項10号を受けた行為規制府令が虚偽の表示をすることを禁止していた（同令４条１号）。

金融商品取引業者等の役員や使用人がこの規定に違反すると，１年以下の懲役もしくは300万円以下の罰金または併科に処せられ（同法198条の６第２号），金融商品取引業者等が法人等の場合には，２億円以下の罰金に処せられる（同法207条１項４号）。

② 断定的判断の提供

顧客に対し，不確実な事項について断定的判断を提供し，または確実であると誤解させるおそれのあることを告げて金融商品取引契約の締結の勧誘をする行為が禁止されている（金商法38条２号）。

重要用語

断定的判断の提供

断定的判断の提供とは，たとえば，「この株式は絶対に上がる」などの不確実な事項に断定的な判断を提供すること，「この投資信託は，確実に儲かる」などの不確実な事柄をあたかも確実であるように断定的判断を提供して，契約の勧誘を行うことである。証取法においても禁止されていた有価証券等の金融商品にありがちな勧誘トークである。

この規定に違反しても罰則はないが，金融商品取引業者等は行政処分を受ける可能性が高い。

③ 無登録格付の説明義務

平成21年に改正された金商法では，信用格付業者について登録制度が導入された（同法第３章の３）。これに伴い，金商法38条３号は，金融商品取引業者等またはその役員もしくは使用人は，

一定の事項を説明しないで，顧客に対し，無登録業者の行った信用格付を金融商品契約の勧誘に利用することを禁止している。具体的には，①無登録である旨，②登録の意義，③無登録業者の名称等（グループ名称等で代替することも可能），④格付付与の方針・方法の概要（グループ内登録業者から入手する方法で代替することも可能），⑤格付の前提・意義・限界について説明しなければ無登録格付を勧誘に利用できないこととされている。

④　不招請勧誘

金商法が新しく規定した顧客である消費者を保護するための禁止行為が不招請勧誘，受諾意思の確認なき勧誘および再勧誘の禁止である。このような勧誘行為が禁止行為とされた理由は，外国為替証拠金取引における悪質な業者から消費者を保護するためである。すなわち，近年，外国為替証拠金取引で消費者が莫大な被害を受けたので，平成17年の金融先物取引法で外国為替証拠金取引業者を規制対象とするとともに不招請勧誘を禁止したのである。そして，金商法は，金融先物取引法を取り込んだところから，不招請勧誘の禁止が採用されたのである。

重要用語
不招請勧誘

金融商品取引契約（政令で定めるものに限る）の締結の勧誘を要請していない顧客に対し，訪問しまたは電話をかけて，金融商品取引契約の締結の勧誘をする行為が禁止されている（金商法38条4号）。したがって，顧客からの勧誘要請がなければ，勧誘できないこととなる。

不招請勧誘は，業者にとって厳しい規制だから，店頭金融先物取引に限って適用されていたが，平成23年4月1日から個人顧客向け店頭デリバティブ取引全般に適用対象取引が拡大された（金商法施行令16条の4）。ただし，条件付き株券貸借取引，有担保のコール・オプション取引（金商業等府令116条1項3号イ・ロ）および継続的取引関係にある顧客には適用されない（同府令116

条1項4号・5号）。

⑤　受諾意思確認なき勧誘

　金融商品取引契約（政令で定めるものに限る）の締結につき，その勧誘に先立って，顧客に対し，その勧誘を受ける意思の有無を確認することをしないで勧誘をする行為が禁止されている（同法38条5号）。

　金商法は，投資者保護の観点から勧誘に先立って顧客に勧誘を受ける意思の有無を確認することを義務付けている。したがって，勧誘受諾意思を確認しないで行う勧誘が禁止されたのである。

⑥　再勧誘

　金融商品取引契約（政令で定めるものに限る）の締結の勧誘を受けた顧客が当該金融商品取引契約を締結しない旨の意思（当該勧誘を引き続き受けることを希望しない意思を含む）を表示したにもかかわらず，当該勧誘を継続する行為（再勧誘）が禁止されている（金商法38条6号）。

📖重要用語
再勧誘

　金商法は，投資者保護の観点から再勧誘を禁止している。すなわち，顧客が断ったにもかかわらず勧誘することを禁止しているのである。

⑦　金融商品取引業者等による不正な算出基礎情報の提供の禁止

　金融商品取引業者等またはその役員もしくは使用人が自己または第三者の利益を図る目的をもって，特定金融指標算出者に対し，正当な根拠を有しない算出基礎情報を提供する行為が禁止されている（金商法38条7号）。これはいわゆる旧LIBORを巡る不正操作等に関し，2013年7月に証券監督者国際機構（IOSCO）の「金融指標に関する原則の最終報告書」の中で，金融市場に利用されている指標につき，その算出者のガバナンス等19原則が公表されたことを受け，わが国でも金融取引の基礎となる特定の金融指

📖重要用語
LIBOR
ロンドン銀行間取引市場における資金取引の市場実勢を示す指標金利。

標について，その信頼性を確保する必要があるとされ，金融商品取引法に「第5章の7　特定金融指標算出者」が加えられたことによる。具体的には，特定金融指標算出者に対する指定制が導入され，内閣総理大臣は，特定金融指標算出業務を行う者のその業務の適正な遂行を確保することが公益または投資者保護のため必要であると認められるときは，当該者を特定指定金融指標算出者として指定することができ，あわせて，当該指定を受けた特定金融指標算出者に対する通知や書類提出義務について定めている（金商法156条の85・156条の86）。

　そして，特定金融指標算出者は，特定金融指標算出業務にかかる業務規程を定め，内閣総理大臣の認可を受けなければならず，認可を受けた後は，当該業務規程の定めるところにより業務を行わなければならない（金商法156条の87）。かかる金融指標規制の一環として，前記禁止行為が定められたのである。

　⑧　実質的説明義務

　金商法38条9号には，その他内閣府令で定める行為が禁止行為とされているが，金商業等府令117条1項には，1号から40号まで47類型の禁止行為が規定されている。

　これらの禁止行為のうち，最も重要だと考えられる禁止行為が内閣府令117条1項1号の説明をしないで金融商品取引契約を締結することである。従来の証取法や政省令には，直接説明義務を定めた規定が存在しなかったが，今回の改正によって説明しないで契約することが新たな禁止行為として追加されたため，実質的な説明義務が定められたといえるからである。

　すなわち，金商業等府令117条1項1号では，契約締結前交付書面等を交付するに際して，顧客に対して，金商法37条の3第1項3号から7号に掲げる事項（金融商品取引契約の概要，手数料等の顧客が負担する対価，リスクの存在とその原因等）について，

顧客の知識，経験，財産の状況および金融商品取引契約を締結する目的に照らして当該顧客に理解されるために必要な方法および程度による説明をすることなく金融商品取引契約を締結することが禁止されている（同項１号）。この規定の「顧客の知識，経験」から始まる文言は，後記適合性の原則と同様であるから，同原則が説明の方法に採用されたものであり，これは金融サービス提供法における説明方法とも同様な規定なのである。

⑨　**重要な事項について誤解を生じさせる表示**

勧誘に際して，重要な事項について誤解を生じさせる表示をすることが禁止されている（同府令117条１項２号）。

たとえば，外貨預金の金利だけを強調し，手数料を無視した書類で勧誘する行為等が該当するであろう。金商法の広告等の規制と重なるが，広告等の規制では，「著しく事実に相違する表示」が禁止されており，ここでは「誤解を生ぜしめるべき表示」となっている。いずれにしても当該金融商品のデメリットを包み隠さず明示して勧誘することが重要である。

勧誘における禁止行為のうち，「虚偽告知」「断定的判断の提供」「不招請勧誘」「再勧誘」について，理解を深めましょう。

関連過去問題
〈2級〉
✎2023年(10月)問35
✎2023年(6月)問33
✎2022年(10月)問34
✎2022年(6月)問33
〈1級〉
✎2022年(6月)問6
✎2020年(10月)問6

重要用語

損失保証

▶ 10. 損失補てん等の禁止（金商法39条）

金融商品取引業者等が顧客に対して損失保証や損失補てんをすることは禁止されている。損失保証とは，有価証券の売買等の取引について，投資の結果損失が発生した場合や予定した利益が生じなかった場合に，金融商品取引業者等がその損失等を補てんする約束をすることであり，かかる約束がないにもかかわらず，損失等を補てんすることが損失補てんである。

損失補てんには，証券事故による例外がある。金融商品取引業

者等の役職員の不正行為により，顧客に損害を与えた場合には，当該金融商品取引業者等が損害賠償責任を負うことになる。したがって，かかる場合には損失の補てんがされても適法とされているのである（金商法39条3項）。

損失補てんには罰則がある。すなわち，損失補てんを行った金融商品取引業者または役職員は，3年以下の懲役もしくは300万円以下の罰金または併科に処せられ（同法198条の3），法人等である金融商品取引業者については，3億円以下の罰金に処せられる（同法207条1項3号）。

① 損失補てん等禁止の意義

金商法において禁止されている損失補てん等だが，証取法においても原則として禁止されていた（証取法42条の2）。

法が損失補てん等を禁止した理由は，市場価格の公正な形成を確保し，健全な取引市場を発展させる点にある。すなわち，損失補てん等が許容されるならば，リスクなき資金が市場に流入し，市場における価格形成が歪められるとともに，金融商品取引業者等の経営の健全性を損なう可能性が高いのである。

② 禁止行為の内容

金商法で禁止される具体的行為は次のとおりである。

ｉ）有価証券の売買その他の取引（買戻価格が事前に定められている買戻条件付売買その他政令で定める取引を除く）またはデリバティブ取引（以下「有価証券売買取引等」という）につき，当該有価証券またはデリバティブ取引（以下「有価証券等」という）について顧客（信託会社等が信託契約に基づいて信託をする者の計算において，有価証券の売買またはデリバティブ取引を行う場合には，当該信託をする者を含む）に損失が生ずることとなり，またはあらかじめ定めた額の利益が生じないこととなった場合には自己または第三者がその全部または一部を補てんし，また

は補足するため当該顧客または第三者に財産上の利益を提供する旨を，当該顧客またはその指定した者に対し，申し込み，もしくは約束し，または第三者に申し込ませ，もしくは約束させる行為（同法39条1項1号）

　これが損失保証行為であり，顧客に損失等が生じた場合に自己または第三者がその全部または一部を補てんすること等を顧客等へ申し込み，約束すること等を禁止しているのである。

　ⅱ）有価証券売買取引等につき，自己または第三者が当該有価証券等について生じた顧客の損失の全部もしくは一部を補てんし，またはこれらについて生じた顧客の利益に追加するため当該顧客または第三者に財産上の利益を提供する旨を，当該顧客またはその指定した者に対し，申し込み，もしくは約束し，または第三者に申し込ませ，もしくは約束させる行為（同項2号）

　ⅲ）有価証券売買取引等につき，当該有価証券等について生じた顧客の損失の全部もしくは一部を補てんし，またはこれらについて生じた顧客の利益に追加するため当該顧客または第三者に財産上の利益を提供し，または第三者へ提供させる行為（同項3号）

　ⅱ）およびⅲ）が損失補てん行為であり，現実に顧客に損失等が生じた場合に補てんを申し込みまたは約束する行為と現実に補てんのため財産上の利益を提供する行為が禁止されているのである。

③　顧客の禁止行為の内容

　損失補てん等については，顧客に関する禁止行為も規定されている（同法39条2項）。

　ⅰ）有価証券売買取引等につき，金融商品取引業者等または第三者との間で，②ⅰ）の約束をし，または第三者に当該約束をさせる行為（同項1号）

　ⅱ）有価証券売買取引等につき，金融商品取引業者等または第

三者との間で，②ⅱ）の約束をし，または第三者に当該約束をさ
せる行為（同項2号）

ⅲ）有価証券売買取引等につき，金融商品取引業者等または第
三者から，②ⅲ）の提供にかかる財産上の利益を受け，または第
三者に当該財産上の利益を受けさせる行為（同項3号）

いずれも顧客等が業者の損失補てん等に応ずることや要求する
ことを禁止するものであり，顧客等についても1年以下の懲役も
しくは100万円以下の罰金または併科に処せられる（同法200条
14号）。

④　例　外

損失補てん等の禁止には例外がある。すなわち，前記②で禁止
された申込み，約束または提供が事故（金融商品取引業者等の役
職員の違法または不当な行為であって，当該金融商品取引業者等
と顧客との間において争いの原因となるものとして内閣府令で定
めるもの）による損失の全部または一部を補てんするために行う
場合については適用しないとされている。金融商品取引業者等の
違法行為等があれば，当該金融商品取引業者等が損害賠償責任を
負うことになるので，例外とされているのである（同法39条3項）。

ただし，②ⅱ）の申込みまたは約束およびⅲ）の提供にあって
は，その補てんにかかる損失が事故に起因するものであることに
つき，金融商品取引業者等が事前に内閣総理大臣の確認を受けて
いる場合その他内閣府令で定める場合に限るとされていることに
留意すべきである（同項ただし書）。

具体的には，裁判所の確定判決，裁判上の和解の成立，民事調
停の成立等，金融商品取引業協会もしくは認定投資者保護団体の
あっせんによる和解または指定紛争解決機関の紛争解決手続によ
る和解の成立，弁護士会の仲裁センターのあっせんによる和解の
成立等，消費者基本法によるあっせんによる和解の成立，認証紛

争解決事業者の認証紛争解決手続による和解の成立，弁護士（業者等の支払額が1,000万円以下の事案）または司法書士（同支払額が140万円以下の事案）が顧客を代理して成立する和解であって，その弁護士または司法書士から業者等へ書面を交付するなどの要件を満たす場合，証券事故による１日の取引において顧客に生じた損失が10万円相当額を上回らない場合，顧客の注文の執行において，過失により事務処理を誤った場合，または，電子情報処理組織の異常により顧客の注文の執行を誤った場合の補てんについては，内閣総理大臣の確認を受ける必要がないとされている（金商業等府令119条１項）。

金融商品取引法における損失補てんの禁止に該当する行為とその例外について，整理しておきましょう。

関連過去問題
〈2級〉
✎ 2023年(10月)問31
✎ 2023年(6月)問29
✎ 2022年(10月)問30
✎ 2022年(6月)問30

重要用語

適合性の原則

▶ 11. 適合性の原則（金商法40条）

　適合性の原則とは，金融商品取引業者等が投資勧誘等に際して，投資者の知識，経験，財産状況および投資目的等に鑑みて，不適当と認められる勧誘を行ってはならないとする理念である。この原則は，金融商品取引における投資者保護の観点から導き出された重要な原則であり，有価証券等を扱い，投資勧誘等を行う金融商品取引業者等を律する基本原則と考えることができる。金商法は，証取法における条文に「投資目的」を加えてより充実させている。

　金融商品取引業者等は，この原則を貫徹するため，顧客の属性を知り，その顧客に合致した金融商品を勧誘すべきであり，顧客が望むからといって当該顧客に合致しない金融商品を販売してはならない。

① 適合性の原則の内容

金商法における適合性の原則の具体的な内容は次のとおりである。

　まず，金商法40条は，金融商品取引業者等は，業務の運営の状況が次の各号のいずれかに該当することのないように，その業務を行わなければならないと定め，その1号に「金融商品取引行為について，顧客の知識，経験，財産の状況及び金融商品取引契約を締結する目的に照らして不適当と認められる勧誘を行って投資者の保護に欠けることとなっており，又は欠けることとなるおそれがあること」と規定している。

②　金融商品取引業者等の義務

　金融商品取引業者等は，適合性の原則に合致した勧誘を行う必要があるが，そのためには顧客の属性を明確に把握することが必要である。そして，適合性の原則に投資目的が追加されたから，金融商品取引業者等は，顧客の知識，経験，財産の状況のほかにも投資目的を顧客から聞き出し，投資目的をも配慮した商品を勧誘する必要がある。投資目的が老後の生活資金を確実に増やすことにあれば，リスクの高い金融商品を勧誘することはできず，これをすれば適合性の原則違反として不利益を受けることになるであろう。

　適合性の原則に違反した勧誘が行われた場合には，登録金融機関に対して業務改善命令（行政処分）が下される可能性がある。また，適合性の原則の違反行為について，金融商品取引法上，刑罰は定められていないが，顧客に損害を与えた場合，登録金融機関に対して不法行為または使用者責任にもとづく損害賠償責任を負うことがある。

　なお，特定投資家（プロ）には，適合性の原則は適用されない。

③　その他の義務

　金融商品取引業者は，適合性の原則以外にも，金商法40条2号

📖 補足

証取法では，「顧客の知識，経験及び財産の状況に照らして」とされていたところ，「金融商品取引契約を締結する目的」が追加されているのである。

第2編

📘 重要用語

特定投資家（プロ）

によって義務を負っている。すなわち，業務に関して取得した顧客に関する情報の適正な取扱いを確保するための措置を講じていないと認められる状況に該当してはならないし，その他業務の運営の状況が公益に反し，または投資者の保護に支障を生ずるおそれのあるものとして内閣府令で定める状況にあってはならない。

金融商品取引業者等は，顧客が望むからといって当該顧客に適合しない金融商品を販売してはならない。

▶ 12. 登録金融機関に対する行為規制（弊害防止措置）

　銀行等の登録金融機関が金融商品取引業務を行う場合には，種々の行為規制が適用されることは前述のとおりであるが，登録金融機関には，独自の弊害防止措置が定められている（金商法44条の2第2項）。また，親法人等または子法人等が関与する取引の制限がある（同法44条の3第2項）。

　そもそも弊害防止措置は，金融商品取引業者が複数の金融商品取引業を営む場合，または他業を兼営する場合の利益相反行為等を防止する目的で規定された行為規制である。

　すなわち，登録金融機関またはその役員もしくは使用人は，登録金融機関業務以外の業務（以下「登録金融機関その他業務」という）を行う場合には，次に掲げる行為をしてはならないとされているのである（同法44条の2第2項）。

　ⅰ）金銭の貸付けその他信用の供与をすることを条件として有価証券の売買の受託等をする行為（投資者の保護に欠けるおそれが少ないと認められるものとして内閣府令で定めるものを除く）（同項1号）

　このように，登録金融機関は，信用供与を条件として有価証券の売買の受託等をすることが禁止されている。登録金融機関の本

業が与信を行う銀行等であることから，信用供与を条件とすることが不公正な行為として禁止されたのである。

ⅱ）登録金融機関その他業務による利益を図るため，その行う投資助言業務に関して取引の方針，取引の額もしくは市場の状況に照らして不必要な取引を行うことを内容とした助言を行い，またはその行う投資運用業に関して運用の方針，運用財産の額もしくは市場の状況に照らして不必要な取引を行うことを内容とした運用を行うこと（同項2号）。

登録金融機関の本業の利益を図るため，投資助言業や投資運用業において，不必要な取引を行うことも禁止されている。不必要な取引をすることは，善管注意義務および忠実義務に違反し，顧客等と利益が相反する行為だからである。

ⅲ）その他内閣府令で定める行為として，金商業等府令150条は「信用供与等を行うことを条件として，金融商品取引契約の締結又はその勧誘を行う行為，自己の優越的地位を不当に利用して金融商品取引契約の締結等を行う行為，金融商品仲介業に従事する役員又は使用人が，有価証券の発行者である顧客の非公開融資等情報を融資業務若しくは金融機関代理業務に従事する役員若しくは使用人から受領し，又は提供する行為（ただし，顧客の事前同意等があれば情報のやり取りも可能）等」を禁止している。

次に，登録金融機関又はその役員若しくは使用人は，次に掲げる行為をしてはならないとされている（同法44条の3第2項）。

ⅳ）通常の取引の条件と異なる条件であって取引の公正を害するおそれのある条件で，当該登録金融機関の親法人等または子法人等と有価証券の売買その他の取引または店頭デリバティブ取引を行うこと（同項1号）。

ⅴ）その親法人等または子法人等との間で金融商品取引業（2条8項）に関する契約を締結することを条件として当該登録金融

第2編

機関がその顧客に対して信用を供与しながら，当該顧客との間で33条2項4号ロ（有価証券の売買，有価証券デリバティブ取引の媒介，有価証券の募集や売り出しの取扱い）に掲げる行為をすること（同項2号）。

vi）登録金融機関の親法人等または子法人等の利益を図るため，その行う投資助言業務に関して取引の方針，取引の額もしくは市場の状況に照らして不必要な取引を行うことを内容とした助言を行い，またはその行う投資運用業に関して運用の方針，運用財産の額もしくは市場の状況に照らして不必要な取引を行うことを内容とした運用を行うこと（同項3号）。

vii）その他内閣府令で定める行為（同項4号）として，金商業等府令154条は，登録金融機関の親法人又は子法人が顧客に対し，通常の取引よりも有利な条件で資産の売買等の取引を行っていること，または金融商品取引契約を締結することを条件に有利な条件で取引を行うこと，その他登録金融機関の親法人または子法人から取得した顧客に対する非公開情報を利用して金融商品取引契約の勧誘をすることなどを禁止している。ただし，平成20年の金商法及び金商業等府令の改正により，ファイアー・ウォール規制が緩和されたことに注意すべきである。すなわち，法人顧客の情報に限り，当該法人顧客に情報提供の停止を求める機会を適切に提供すれば，当該法人が停止を求めるまでは，非公開情報の提供について，当該法人の書面による同意があるものとみなされている（いわゆる「オプト・アウト」の採用。金商業等府令153条2項）。

4 不正行為の禁止

金商法157条は，次の行為を不正行為として刑罰をもって禁止

している。

ⅰ）有価証券の売買その他の取引またはデリバティブ取引等について，不正の手段，計画または技巧をすること。

ⅱ）有価証券の売買その他の取引またはデリバティブ取引等について，重要な事項について虚偽の表示があり，または誤解を生じさせないために必要な重要な事実の表示が欠けている文書その他の表示を使用して金銭その他の財産を取得すること。

ⅲ）有価証券の売買その他の取引またはデリバティブ取引等を誘引する目的をもって，虚偽の相場を利用すること。

① 不正の手段，計画または技巧

この禁止行為は，極めて漠然としており，不明確な部分も多いが，不正の手段，計画または技巧を行うとは，金融商品取引につき，他人を欺いて錯誤に陥れるような行為を指すと解されている。

② 不実表示による財産の取得

この禁止行為は，「重要な事項について虚偽の表示があり，または，誤解を生じさせないために必要とされる重要な事実の表示が欠けている文書その他表示を使用する」ことによって，金銭等の財産を取得することである。

「重要な事実」とは，金融商品取引における投資の判断を左右するような事実であると解される。これに真実に反する表示があり，かかる表示を利用して，投資者等を欺いて金銭その他財産を取得するのである。

③ 虚偽相場の利用

「虚偽相場を利用する」とは，相場が存在していないにもかかわらず，存在しているように装うことである。

④ 刑 罰

金商法157条違反については，10年以下の懲役もしくは1,000万円以下の罰金または併科に処せられる（金商法197条1項5

号）。法人等については，7億円以下の罰金に処せられる（同法207条1項1号）。さらに，この犯罪行為によって得られた財産は，没収される（同法198条の2第1項1号）。

5 風説の流布，偽計，暴行または脅迫の禁止

関連過去問題
〈2級〉
✐ 2023年(10月)問36
✐ 2023年(6月)問34
✐ 2022年(10月)問35
✐ 2022年(6月)問34
✐ 2021年(10月)問34
✐ 2021年(6月)問32

重要用語

風説の流布

　金商法158条は，「何人も，有価証券の募集，売出し若しくは売買その他の取引若しくはデリバティブ取引等のため，又は有価証券等（有価証券若しくはオプション又はデリバティブ取引に係る金融商品（有価証券を除く）若しくは金融指標をいう）の相場の変動を図る目的をもって，風説を流布し，偽計を用い，又は暴行若しくは脅迫をすること」を禁止している。

　まず，「風説」とは，噂のことである。必ずしも，虚偽である必要はないが，行為者がそれに合理的根拠のないことを認識している必要がある。したがって，風説を流布する者が真実と考えていた場合には，本罪が成立しない。次に，「流布」とは不特定または多数人に伝えることをいう。特定の者だけに伝えても順次，不特定または多数人に広まるのであれば流布といえる。

重要用語

偽計

　「偽計」とは，人を騙しまたは誘惑し，もしくは人の錯誤や不知を利用することをいう。「暴行」は不正な有形力の行使である。また，「脅迫」は人の自由意思を抑圧するために害悪を告知することである。

　上記の行為を有価証券の各取引等のため，または有価証券の相場の変動を図る目的をもって行うことが禁止されている。

　証券取引等監視委員会は常時，市場の公正性・透明性の確保や投資者保護の上で問題があると思われるような情報全般を「情報提供窓口」で受け付けており，風説の流布の動きを知った場合は，監視を行っている同委員会に通報することができる。

金商法158条違反については，10年以下の懲役もしくは1,000万円以下の罰金または併科に処せられる（金商法197条１項５号）。法人等については，７億円以下の罰金に処せられる（同法207条１項１号）。さらに，この犯罪行為によって得られた財産は，没収される（同法198条の２第１項１号）。

風説を流布する行為者は，合理的根拠のないことを認識している必要がある。

6　相場操縦行為等の禁止

　金商法159条は，相場操縦行為等を禁止しているが，相場操縦行為等の禁止とは，次の行為である。

 重要用語

相場操縦行為

⑴　何人も，有価証券の売買（金融商品取引所が上場する有価証券，店頭売買有価証券または取扱有価証券の売買に限る），市場デリバティブ取引または店頭デリバティブ取引等のうちいずれかの取引が繁盛に行われていると他人に誤解させる等これらの取引の状況に関し他人に誤解を生ぜしめる目的をもって，次の行為をしてはならない（金商法159条１項）。

> ①　権利の移転を目的としない仮装の有価証券の売買，市場デリバティブ取引または店頭デリバティブ取引をすること（同項１号）。
> ②　金銭の授受を目的としない仮装の市場デリバティブ取引または店頭デリバティブ取引をすること（同項２号）。
> ③　オプションの付与または取得を目的としない仮装の市場デリバティブ取引または店頭デリバティブ取引をすること（同項３号）。

④ 自己のする売付けと同時期に，それと同価格において，他人が当該金融商品を買い付けることをあらかじめその者と通謀のうえ，当該売付けをすること（同項4号）。

⑤ 自己のする買付けと同時期に，それと同価格において，他人が当該金融商品を売り付けることをあらかじめその者と通謀のうえ，当該買付けをすること（同項5号）。

⑥ 市場デリバティブ取引または店頭デリバティブ取引の申込みと同時期に，当該取引の約定数値と同一の約定数値において，他人が当該取引の相手方となることをあらかじめその者と通謀のうえ，当該取引の申込みをすること（同項6号）。

⑦ 市場デリバティブ取引または店頭デリバティブ取引の申込みと同時期に，当該取引の対価の額と同一の対価の額において，他人が当該取引の相手方となることをあらかじめその者と通謀のうえ，当該取引の申込みをすること（同項7号）。

⑧ 市場デリバティブ取引または店頭デリバティブ取引の申込みと同時期に，当該取引の条件と同一の条件において，他人が当該取引の相手方となることをあらかじめその者と通謀のうえ，当該取引の申込みをすること（同項8号）。

⑨ 前①ないし⑧に掲げる行為の委託等または受託等をすること（同項9号）。

(2) 何人も，有価証券の売買，市場デリバティブ取引または店頭デリバティブ取引のうちいずれかの取引を誘引する目的をもって，次の行為をしてはならない（金商法159条2項）。

① 有価証券売買等が繁盛であると誤解させ，または取引所金融商品市場における上場金融商品等もしくは店頭売買有価証券市場における店頭売買有価証券の相場を変動させるべき一連の有価証券売買等またはその申込み，委託等もしくは受託等をすること（同項1号）。

② 取引所金融商品市場における上場金融商品等または店頭売買有価証券市場における店頭売買有価証券の相場が自己または他人の操作によって変動するべき旨を流布すること（同項2号）。

③ 有価証券売買等を行うにつき，重要な事項について虚偽であり，または誤解を生じさせるべき表示を故意にすること（同項3号）。

(3) 何人も，政令の定めるところに違反して，取引所金融商品市場における上場金融商品等または店頭売買有価証券市場における店頭売買有価証券の相場をくぎ付けし，固定し，または安定させる目的をもって，一連の有価証券売買等またはその申込み，委託等もしくは受託等をしてはならない（金商法159条3項）。

上記のように，相場操縦行為には，①他人に誤解をさせる目的で行われる行為（金商法159条1項），②取引を誘引する目的で行われる行為（同条2項），③相場を固定させる目的をもって行われる行為（同条3項）がある。

また，禁止されている行為類型としては，

ア）仮装取引とその委託，受託（金商法159条1項1号ないし3号・9号）

イ）馴合取引とその委託・受託（同項4号ないし9号）

ウ）相場操縦を目的とする現実の取引とその委託・受託（同条2項1号）

エ）表示による相場操縦（同項2号・3号）

がある。

ア）の仮装取引とは，権利移転を目的としない仮装の売買等である。イ）の馴合取引とは，売り手と買い手が通謀のうえ，売買を行うことであり，ウ）の現実の取引とは，仮装でも馴合でもない正規の取引だが，大量の注文を一挙に出すことによって株価を人為的に上下させるような行為である。エ）の表示による相場操縦とは，有価証券の相場が自己または他人の操作により変動すべき旨を流布すること，または，有価証券売買につき，重要な事項について虚偽または誤解を生じさせる表示を故意に行ったことである。

金商法は，取引誘引目的で行われる証券会社の自己計算による売買の申込み（いわゆる見せ玉）についても，禁止の対象とした。

金商法159条違反については，10年以下の懲役もしくは1,000万円以下の罰金または併科に処せられる（同法197条1項5号）。法人等については，7億円以下の罰金に処せられる（同法207条1項1号）。さらに，この犯罪行為によって得られた財産は，没収される（同法198条の2第1項1号）。

金融商品取引法における相場操縦に該当する行為について，整理しておきましょう。

関連過去問題
〈2級〉
✐ 2023年(10月)問44
✐ 2023年(6月)問45
✐ 2022年(10月)問44
✐ 2022年(6月)問44
〈1級〉
✐ 2023年(10月)問9
✐ 2021年(10月)問10
✐ 2019年(10月)問9

7 内部者取引（インサイダー取引）の禁止

金商法166条は，次の行為を内部者（インサイダー）取引として禁止している。

① 会社関係者であって，上場会社等に係る業務等に関する
重要事実を当該各号に定めるところにより知ったものは，
当該業務等に関する重要事実の公表がされた後でなければ，
当該上場会社等の特定有価証券等に係る売買その他の有償
の譲渡もしくは譲受け，合併もしくは分割による承継（合
併または分割により承継させまたは承継することをいう）
またはデリバティブ取引をしてはならない（同条1項）。
② 上記会社関係者が会社関係者でなくなってから，1年以
内の者についても同様である（同項後段）。
③ 会社関係者から重要事実の伝達を受けた者（情報受領者）
も同様である（同条3項）。

▶ 1. 内部者取引禁止の意義

金商法166条1項は，内部者取引を禁止している。上場企業等
公開会社の役職員等の関係者は，当該会社の株価に影響を及ぼす
ような非公開情報を取得する機会があるが，このような情報をも
とに当該会社の株式の取引をすれば，大きな利益を得ることや損
失を免れることができる。しかし，このような結果は不公正であ
る。そこで，金商法は，内部者取引につき，刑罰をもって禁止し
ているのである。

▶ 2. 構成要件

① 規制対象者等

まず，規制の対象となる者とどのような場合に「知った」とい
えるかについては，次のように整理できる（金商法166条1項）。

ア）当該上場会社等の役員，代理人，使用人その他従業者（以
下「役員等」という）が規制対象となり，これらの者がそ
の職務に関して知ったときが問題となる（同項1号）。

イ）会社法433条1項に定める権利を有する株主等が規制対象となり，これらの者がその権利行使に関して知ったときが問題となる（同項2号）。

ウ）当該上場会社の投資主等が規制対象となり，これらの者がその権利行使に関し知ったときが問題となる（同項2号の2）。

エ）当該上場会社等に関して法令上の権限を有する者が規制対象となり，これらの者がその権限行使に関して知ったときが問題となる（同項3号）。

オ）当該上場会社等と契約を締結している者または締結の交渉をしている者（その者が法人の場合にはその役員等を含み，法人以外の場合には代理人等を含む）が規制対象となり，これらの者が当該契約の締結もしくは交渉または履行に関して知ったときが問題となる（同項4号）。

カ）2号または4号に掲げる者であって法人であるものの役員等が規制対象となり，これらの者がその職務に関して知ったときが問題となる（同項5号）。

キ）上記1号から5号に定める者から情報の伝達を受けた者（情報受領者）も規制対象となる（同条3項）。ただし，偶然情報を聞いた場合や情報受領者から情報伝達を受けた者（第二次情報受領者）は，規制対象とならないことに注意すべきである。

情報受領者

第二次情報受領者

② **重要事実に係る情報**

重要事実

　規制対象となる情報，すなわち重要事実は，金商法166条2項に規定されている。主要な事実を列挙すれば次のとおりであり，会社に関する会社法上の組織的な重要事項などが網羅されている。重要事実とは，当該上場会社等の業務執行を決定する機関が以下

に掲げる事項を行うことについての決定をしたこと，または当該
機関が当該決定に係る事項を行わないことを決定したことが主た
るものである（同項1号）。なお，裁判実務では，取締役会のよう
な正式な機関決定でなくとも，常務会などの実質的な決定機関の
決定で足りるとされていることに注意すべきである。

ア）株式会社の発行する株式もしくはその処分する自己株式
　　を引き受ける者（優先出資法に定める優先出資を含む），ま
　　たは募集新株予約権を引き受ける者の募集
イ）資本金の額の減少
ウ）資本準備金または利益準備金の額の減少
エ）自己株式の取得
オ）株式無償割当
カ）新株予約権の無償割当
キ）株式の分割
ク）剰余金の配当
ケ）株式交換
コ）株式移転
サ）株式交付
シ）合併
ス）会社の分割
セ）事業の全部または一部の譲渡または譲受け
ソ）解散
タ）新製品または新技術の企業化
チ）業務上の提携その他政令で定める事項

　また，決定ではなく発生にかかる重要事実としては以下のもの
がある（金商法166条2項2号）。

> ア）災害に起因する損害または業務遂行の過程で生じた損害
>
> イ）主要株主の異動
>
> ウ）特定有価証券または特定有価証券に係るオプションの上場廃止または登録の取消しの原因となる事実
>
> エ）その他政令で定める事実

　さらに，売上高等の決算情報に一定額以上の差異が生じたこと（金商法166条2項3号）および子会社に関する一定の事項（同項5号）も重要事実とされていることに留意すべきである。

③　重要事実の公表

重要用語
公表措置

　金商法施行令30条は，インサイダー取引規定にいう「公表措置」について規定している。すなわち，一定の報道機関（時事に関する日刊総合紙を販売する新聞社，その新聞社に情報を配信する通信社，産業・経済に関する日刊紙を販売する新聞社，日本放送協会（NHK）および放送法に規定する一般放送事業者）のうち，2社以上に公開した時点から12時間を経過したことをもって，「公表」とされている。また，上場会社等がその発行する有価証券を上場する金融商品取引所の規則で定めるところにより，重要事実等を当該金融商品取引所に通知し，かつ，通知された重要事実等が内閣府令に定めるところにより，当該金融商品取引所において公衆の縦覧に供されたことをもって「公表」とされている。

▶ 3. 制　裁

①　刑　罰

　内部者取引違反の罰則は，金商法によって引き上げられた。すなわち，5年以下の懲役もしくは500万円以下の罰金または併科とされ（同法197条の2第13号），法人等については，5億円以下の罰金とされたのである（同法207条1項2号）。なお，インサイダー取引によって得られた財産は，没収され，没収できない場

合には追徴されることになる（同法198条の２第１項１号・２項）。

② 課徴金

インサイダー取引は，課徴金の対象となる。すなわち，金商法
175条１項は「第166条第１項又は第３項の規定に違反して，同
条第１項に規定する売買等をした者があるときは，内閣総理大臣
は，次節に定める手続に従い，その者に対し，次の各号に掲げる
場合の区分に応じ，当該各号に定める額に相当する額の課徴金を
国庫に納付することを命じなければならない」と定めている。

▶ 4. 公開買付者等関係者の内部者取引の禁止

金商法167条は，公開買付関係者の内部者取引を禁止している。

すなわち，公開買付者等関係者であって，公開買付け等をする
者（以下「公開買付者等」という）の公開買付け等の実施に関す
る事実または中止に関する事実を知ったものは，当該事実が公表
されるまでは，当該公開買付け等にかかる会社の株券等の売買を
することが禁止されているのである（金商法167条１項）。

公開買付者等関係者の内部者取引違反の罰則は，５年以下の懲
役もしくは500万円以下の罰金または併科であり（金商法197条
の２第13号），法人等は，５億円以下の罰金に処せられる（同法
207条１項２号）。なお，インサイダー取引によって得られた利益
は，没収され，没収できない場合には追徴されることになる（同
法198条の２第１項１号・２項）。

▶ 5. 未公表の重要事実の伝達等の禁止

平成25年６月19日，金融商品取引法等の一部を改正する法律
（「平成25年法律第45号」以下，本項において「改正法」という）
が公布された。改正法によって，インサイダー取引規制が拡大し，
未公表の重要事実を伝達すること，または取引を推奨することが
禁止されている（金商法167条の２）。

① 趣 旨

重要用語
公開買付関係者

第2編

重要用語
未公表の重要事実

平成24年に発覚した公募増資を巡るインサイダー取引事案に対応するため，金融審議会に設置された「インサイダー取引規制に関するワーキング・グループ」において討議されて法案化されたものであって，インサイダー取引を助長するような情報伝達行為および取引推奨行為を禁止するものである。

② 構成要件（金商法167条の2第1項）

ⅰ） 主 体

「金商法166条1項に規定する会社関係者で，当該上場会社等に係る同項に規定する業務等に関する重要事実を，同項各号に定めるところにより知ったもの」が本件行為の主体である。

ⅱ） 目 的

本罪は目的犯とされている。すなわち，「当該業務等に関する重要事実が公表されたこととなる前に当該上場会社等の特定有価証券等に係る売買等をさせることにより他人に利益を得させ，又は損失の発生を回避させる目的」が必要である。このような目的が必要とされたのは，業務において必要な情報交換や情報共有を対象から外すためである。

ⅲ） 行 為

本罪によって禁止されている行為は，上記目的をもって，他人に対し，当該重要事実を伝達し，又は当該売買等をすることを勧めることである。

まず，「他人」とは，自然人または法人を問わず，特に限定されていない。

前段の情報伝達行為における「伝達」は，他人に伝えればよく，その方法（口頭，書面，電磁的方法等）を問わない。

後段の取引推奨行為における「勧める」は，文字通り他人に勧めること，要するに勧誘することを禁止しているものと解される。

③ 取引要件

本件によって，処罰または課徴金を受けるには，情報伝達ない
し取引推奨を受けた者が実際に当該違反に係る特定有価証券等の
売買等をしたことが要件とされている。行為者によって情報伝達
や取引推奨が行われたにもかかわらず，伝達を受けた者や推奨を
受けた者が取引を行わなかった場合にまで処罰等をする必要はな
いと考えられたからである。その意味で悪質な伝達行為または推
奨行為を処罰する趣旨である。

　④　制　裁

　ⅰ）　刑　罰

　本件による刑罰も，通常の内部者取引と同様に，5年以下の懲
役もしくは500万円以下の罰金または併科とされ（金商法197条
の2第14号），法人等については，5億円以下の罰金とされてい
る（同法207条1項2号）。

　ⅱ）　課徴金

　未公表の重要事実の伝達等の禁止違反についても課徴金の対象
となる（金商法175条の2）ことに留意すべきである。

▶ 6. 違反者の氏名公表

　改正法は，金商法における違反行為の抑止対策として，内閣総
理大臣が違反者の氏名を公表できることにした（金商法192条の
2）。すなわち，同条は「内閣総理大臣は，公益又は投資者保護の
ため必要かつ適当であると認めるときは，内閣府令で定めるとこ
ろにより，この法律又はこの法律に基づく命令に違反する行為（以
下この条において「法令違反行為」という）を行った者の氏名そ
の他法令違反行為による被害の発生若しくは拡大を防止し，又は
取引の公正を確保するために必要な事項を一般に公表することが
できる」と規定しているのである。

偶然情報を聞いた場合や情報受領者から情報伝達を受けた者（第二次情報受領者）は，規制対象とならない。

8 金融ADRの創設

重要用語

金融ADR

金商法の平成21年改正により，金融ADRが創設された。改正金商法は，利用者保護を充実させるため，裁判外紛争解決制度（金融ADR）を導入した（第5章の5）。制度の概要は，次のとおりである。

まず，金融機関と顧客との紛争を解決する機関（紛争解決機関）を申請により主務大臣が指定する。指定の要件は，紛争解決能力（技術的基礎と経理的基礎を有すること）があること，役職員の構成が紛争解決業務の公正な実施に支障を及ぼさないこと，業務規程について一定割合以上の金融機関が異議を述べていないことなどである。

重要用語

指定紛争解決機関

指定紛争解決機関は，金融機関の業態ごとに創設されることになるが，金融機関は指定紛争解決機関が存在する以上，当該機関と契約を締結しなければならない。そして，顧客が指定紛争解決機関を利用するような紛争がある場合には，紛争解決機関に出頭し，事実を開示し，調停に応じることとなる。特筆すべきは，弁護士等からなる紛争解決委員が提示した和解案（特別調停案）を尊重し，訴訟にする場合以外は，この調停案に応諾する義務があることである。

なお，指定紛争解決機関との契約締結は，銀行等の登録金融機関にとって金商法上の義務であることに留意すべきである（同法37条の7）。

8 知的財産権法関連

1 概 説

▶ 1. 知的財産権の意義

　知的財産権とは，「非有体的利益に対する排他的支配権の総称」と定義されている。その意味するところは，「非有体的利益」，すなわち「物」ではなく，人間の知能的活動の所産としての創作物と営業上の信用等について他人を排して支配する権利である。

　「排他的支配権」とされていることから，あたかも不動産等の物に対する所有権と類似するので，知的所有権とも呼ばれている。

　したがって，知的財産権の権利者には，第三者の侵害を排除する権限があり，第三者は，他人に帰属する知的財産権を正当な理由なく利用することなどができないのである。

▶ 2. 知的財産権の種類

　知的財産権には以下の種類がある。

> ⅰ）発明に関する特許権（特許法）
> ⅱ）考案に関する実用新案権（実用新案法）
> ⅲ）デザインに関する意匠権（意匠法）
> ⅳ）商品およびサービスに関する商標権（商標法）
> ⅴ）著作物に関する著作権（著作権法）

　なお，不正競争防止法上の「営業秘密」も知的財産権保護の側面を有している。また，法律の明文があるわけではないが，「パブリシティの権利」なども知的財産権の一種と認められる。これは，

重要用語
知的財産権

第2編

重要用語
パブリシティの
権利

顧客吸引力等の点から価値があると考えられるものを保護する権利である。

そして，それを商業的ないし営利的に利用するには，権利者の承諾が必要になるということである。たとえば，有名なタレントの写真を利用して広告宣伝を行うようなことは，その者の承諾を得ない限り，パブリシティの権利を侵害すると解されるのである。

2 特許権

▶ 1. 意 義

📖重要用語

特許権

特許権とは，登録出願した「発明」に対して認められる権利であり，「発明」とは，自然法則を利用した技術的思想の創作のうち高度のものをいう（特許法2条1項）。そして，発明が特許を受けるには，発明性，新規性，進歩性が必要とされている。発明性とは，上記のように自然法則を利用した技術的思想の創作であって高度なものであり，新規性とは，出願前に一般に知られていないことであり，進歩性とは，新規性を有するだけではなく簡単に考えられるような発明ではないことである。

▶ 2. 効 力

特許権は，発明者が特許庁に出願をして，公開および公告手続を経て，登録されることにより具体化する。登録がされると，出願人が特許権を取得し，一定期間その権利が保障され，独占的に当該発明を利用でき，第三者が権利を侵害すれば排除することができる。

▶ 3. ビジネスモデル特許

特許権は，一般的に製造業が取得することが多く，金融機関が特許権者となることはないと考えられてきた。しかし，最近，銀行等の金融機関においても，ビジネスモデル特許を出願すること

が多くなっている。

　ビジネスモデル特許とは，原則としてコンピュータやネットワーク等の情報通信技術をビジネスの仕組みに採用した発明である。たとえば，銀行やクレジットカード会社の金融取引において行われる電子決済関連などで認められることがある。

3　実用新案権

▶ 1. 意　義

　実用新案とは，物品に関する形状，構造または組合せに係る産業上利用できる自然法則を利用した新規な考案である（実用新案法1条・2条）。特許と同様に自然法則を利用するものではあるが，高度でなくてもよい。特許にはならないが，産業上有用な工夫として認められるものであればよい。たとえば，某銀行が出願した機能付きの新型預金通帳のような考案がある。

 重要用語
実用新案

▶ 2. 効　力

　実用新案も特許と同様に特許庁に出願して登録を受ければ，実用新案権となるが，平成8年から出願されたものが特許庁の審査を受けず，すべて実用新案として登録されることとなっている。したがって，実用新案権として保護を受けるには，特許庁に対し，実用新案技術評価書の請求を行い，技術評価書の提出を受けて権利を行使することになっている。

4　商標権

▶ 1. 意　義

　商標とは，具体的な商品について使用される標章（人の知覚によって認識することができるもののうち，文字，図形，記号，立

重要用語
商標

第2編

体的形状もしくは色彩またはこれらの結合，音その他政令で定めるもの）であり（商標法2条1項），商品のロゴマークや名称がこれにあたる。また，商品のみならず，個別の役務についても商標が認められ，これをサービスマークという。たとえば，銀行のロゴマークなどがこれにあたる。

▶ 2. 効　力

　商標やサービスマークが商標法上の権利として保護されるには，特許と同様に特許庁に出願して審査を受け，登録査定のうえ登録されることになる。

　商標として登録されて商標法の保護を受けると，その後同一の標章が出願されても拒絶されるし，同一の標章が使用された場合には，権利侵害として侵害の停止や予防を請求することができる。もちろん，損害賠償請求も可能である。そして，損害賠償請求については，商標法による過失の推定や損害額の推定など権利者に有利な規定がある。

　商標法の登録を受けていない標章についても，それが有名なものであって周知性があれば，不正競争防止法によって保護されることもあることに注意すべきである。したがって，商標登録されていないからといって，他人の商標を無断で使用すべきではない。

5　意匠権

▶ 1. 意　義

重要用語

意匠

　意匠とは，物品の形状，模様もしくは色彩またはこれらの結合であって，視覚を通じて美感を起こさせるものをいうとされていたが，令和元年の改正（令和2年5月施行）によって物品の形状，模様もしくはこれらの結合，建築物の形状等または画像であって，視覚を通じて美感を起こさせるものをいうに改められた（意匠法

2条1項)。すなわち，建築物も意匠権の対象とされたのである。物のデザインであるが，注意すべきは，工業上利用することができる創作に認められる権利ということである（意匠法3条1項）。したがって，その物自体が鑑賞の目的とされる絵画などは意匠ではない。

▶ 2. 効　力

　意匠についても，特許庁に出願し，登録することによって意匠法の保護を受けることになる。

6　著作権

▶ 1. 意　義

　著作権とは，著作物等に関する権利であって，財産的側面と人格権的側面を有するが，著作権法では，複製権，上演権，演奏権，放送権，上映権，口述権，展示権，翻訳権などの著作財産権を著作権と定めている。また，著作物とは，思想または感情を創作的に表現したものであって，文芸，学術，美術または音楽の範囲に属するものをいうとされている（著作権法2条1項1号）。著作物を創作した者を著作者といい（同項2号），原則として著作権の主体である。

▶ 2. 効　力

　著作権は，特許権などと異なり，登録がされていなくても第三者の妨害を排除する等の権利を有している。したがって，他人の著作物に酷似した著作物を出すことなどは，その他人の著作権を侵害することになる。

▶ 3. 著作権の侵害と例外

① 侵　害

　著作権は，著作者に属するから，例えば，金融機関の職員が顧

関連過去問題
〈2級〉
🖊 2023年(10月)問40
🖊 2023年(6月)問39
🖊 2022年(10月)問40
🖊 2022年(6月)問39

📖 重要用語
著作権

第2編

客サービスの一環として税理士の著作物である相続税務の書籍をコピーして利用するには，著作者の許諾が必要となる。もちろん，複製した書籍の最終的な利用者が顧客であっても変わりはない。

著作者の許諾なく複製することは，著作権侵害行為であって，民事的には損害賠償責任が発生し，刑事事件化されることもあり得る。

刑事罰は重く，10年以下の懲役もしくは1,000万円以下の罰金またはこれら両方が科せられる。法人の罰金は３億円以下となっている。

② 例 外

著作権法には，一定の場合には，著作者の許諾なく著作物が利用できる例外規定が定められている。代表的な例外規定が「私的使用」であり，個人が購入した書籍を複製し，個人的に使用することは許される。

ただし，あくまでも複製者自身が個人的に利用する場合に限られるから，例えば，金融機関の職員が顧客のために複製することは，私的使用に該当せず，許されない。つまり，そのような複製行為は，著作権法違反になることに注意すべきである。

第3編

金融機関の
内部リスク管理態勢
とコンプライアンス

1 リスク管理

1 事務リスク

▶ 1. 意　義

重要用語

事務リスク

　事務リスクとは，「監督指針」によれば，「役職員が正確な事務を怠る，あるいは事故・不正を起こすことにより金融機関が損失を被るリスクをいう」とされている（監督指針Ⅱ－3－3－1）。

▶ 2. 対　応

　監督指針には，事務リスクの管理態勢として以下の事項が明示されているほか「内部監査態勢」，「営業店のリスク管理態勢」等が記載されている。

① 全ての業務に事務リスクが所在していることを理解し，適切な事務リスク管理態勢が整備されているか。

② 事務リスクを軽減することの重要性を認識し，事務リスク軽減のための具体的な方策を講じているか。

③ 事務部門は，十分に牽制機能が発揮されるよう体制が整備されているか。

④ 取引時確認事務，疑わしい取引の届出義務等の重要な法務コンプライアンス問題を，単なる事務処理の問題として捉えるにとどまらず，全行的なコンプライアンスの問題としての処理を行っているか。

▶ 3. 事務の外部委託における留意点

① 事務ガイドラインの改正

銀行等の金融機関が行う事務作業量は膨大であり，コストを抑

える点から外部委託（アウトソーシング）を効率的に行うことが課題となっている。ところで，事務の外部委託において問題となるのは，顧客保護や金融機関の業務への影響である。この問題については，平成15年に金融庁によって公表された「リレーションシップバンキングの機能強化に関するアクションプログラム」において，特に指摘されていたが，事務の外部委託についても，事務ガイドラインが改正され，同年6月30日に公表されている。なお，事務ガイドラインは平成16年6月から「監督指針」へ移行されている。

　監督指針によれば，以下の観点から十分な対応を行っているかがポイントとなる（監督指針Ⅱ－3－2－4）。

　②　顧客保護態勢の整備

　まず，金融機関において以下の顧客保護の観点から以下の態勢整備を図る必要がある。

　ⅰ）委託契約によっても当該金融機関と顧客との間の権利・義務関係に変更がなく，顧客に対しては，当該金融機関自身が業務を行ったのと同様の権利が確保されていることが明らかであること。

　ⅱ）委託業務に関して契約どおりのサービスの提供が受けられないときに，金融機関において顧客利便に支障が生じることを未然に防止するための態勢整備を行うこと。

　ⅲ）委託先における目的外使用の禁止も含めて顧客等に関する情報管理が整備されており，委託先に守秘義務が課せられていること。

　ⅳ）個人である顧客に関する情報の取扱いを委託する場合には，銀行法施行規則13条の6の5に基づき，その委託先の監督について，当該情報の漏えい，滅失またはき損の防止を図るために必要かつ適切な措置として以下の措置を講ずるべきである。

ア）金融分野ガイドライン10条の規定に基づく措置

イ）実務指針Ⅲに基づく措置

ⅴ）外部委託先の管理について，責任部署を明確化し，外部委託先における業務の実施状況を定期的または必要に応じてモニタリングする等，外部委託先において顧客等に関する情報管理が適切に行われていることを確認すること。

ⅵ）外部委託先において漏えい事故等が発生した場合に，適切な対応がなされ，速やかに委託元に報告される体制になっていることを確認すること。

ⅶ）外部委託先による顧客等に関する情報へのアクセス権限について，委託業務の内容に応じて必要な範囲内に制限すること。そのうえで，外部委託先においてアクセス権限が付与される役職員およびその権限の範囲が特定されていることを確認すること。

さらに，アクセス権限を付与された本人以外が当該権限を使用すること等を防止するため，外部委託先において定期的または随時に，利用状況の確認（権限が付与された本人と実際の利用者との突合を含む）が行われている等，アクセス管理の徹底が図られていることを確認すること。

ⅷ）二段階以上の委託が行われた場合には，外部委託先が再委託先等の事業者に対して十分な監督を行っているかについて確認すること。また，必要に応じ，再委託先等の事業者に対して自社による直接の監督を行うこと。

ⅸ）クレーム等について顧客から金融機関への直接の連絡体制を設けるなど適切な苦情相談態勢が整備されていること。

③　検証等の態勢整備

次に，金融機関は，以下の点などについて，その経営の健全性の確保の観点から総合的な検証を行い，必要な態勢整備を図らなければならない。

ⅰ）リスク管理

金融機関は，当該委託契約に沿ってサービスの提供を受けられなかった場合の業務への影響等外部委託に係るリスクを総合的に検証し，リスクが顕在化した場合の対応策等を検討すべきである。

ⅱ）委託先の選定

経営の合理性の観点からみて十分なレベルのサービスの提供を行い得るか，契約に沿ったサービス提供や損害等負担が確保できる財務・経営内容か，金融機関のレピュテーション等の観点から問題ないか等の観点から，委託先の選定を行うべきである。

ⅲ）契約内容

外部委託契約のサービス内容およびレベルならびに解約手続，その他委託先の責務，委託先から受ける報告内容などが十分な内容であることを要する。

ⅳ）金融機関に課せられた法令上の義務等

当該業務を金融機関が行った場合に課せられる法令上の義務等の履行に支障が生ずる外部委託であってはならない。

ⅴ）金融機関側の管理態勢

委託業務に関する管理者の設置，モニタリング，検証態勢等の管理態勢を整備すべきである。

ⅵ）情報提供

委託業務の履行状況につき，委託先から金融機関へ定期的な報告に加え，必要に応じて適切な情報が迅速に得られる態勢とすべきである。

ⅶ）監　査

外部委託業務も金融機関の内部監査の対象とすべきである。

ⅷ）緊急対応

委託契約に沿ったサービスの提供が行われない場合にも，金融機関の業務に大きな支障が生じないよう対応を検討すべきであり，

顧客に対し，代替のサービス提供が可能な態勢を整備すべきである。

ⅸ）グループ会社への外部委託

金融機関のグループ会社へ外部委託をする場合には，アームズ・レングス・ルールに違反してはならない。

2 システムリスク

▶ 1. 意　義

📖 重要用語

システムリスク

システムリスクとは，「監督指針」によれば，「コンピュータシステムのダウン又は誤作動等，システムの不備等に伴い金融機関が損失を被るリスク，さらにコンピュータが不正に使用されることにより金融機関が損失を被るリスクをいう」とされている（監督指針Ⅱ－3－4－1－1）。

金融機関の経営再編に伴うシステム統合や新商品・サービスの拡大に伴い，金融機関の情報システムは一段と高度化・複雑化し，さらにコンピュータのネットワーク化の拡大等に伴い，重要情報に対する不正なアクセス，漏えい等のリスクが大きくなっている。したがって，システムリスク管理態勢の充実かが極めて重要である。

▶ 2. 対　応

銀行等の金融機関におけるシステムリスク対応として，監督指針上，重要な項目は，次のとおりである。

① **システムリスクに対する認識等**

① システムリスクについて代表取締役をはじめ，役職員がその重要性を十分に認識し，定期的なレビューを行うとともに，全行的なリスク管理の基本方針を策定すべきである。

② 代表取締役は，システム障害やサイバーセキュリティ事案

（以下「システム障害等」という）の未然防止と発生時の迅速な復旧対応について，経営上の重大な課題と認識し，態勢を整備すべきである。

③　取締役会は，システムリスクの重要性を十分に認識した上で，システムを統括管理する役員を定めるべきである。

④　代表取締役および取締役（指名委員会等設置会社にあっては執行役）は，システム障害等発生の危機時において，果たすべき責任やとるべき対応について具体的に定めるべきであり，自らが指揮を執る訓練を行い，その実効性を確保すべきである。

② **システムリスク管理態勢**

①　取締役会は，コンピュータシステムのネットワーク化の進展等により，リスクが顕在化した場合，その影響が連鎖し，広域化・深刻化する傾向にあるなど，経営に重大な影響を与える可能性があるということを十分に踏まえ，リスク管理態勢を整備すべきである。

②　セキュリティポリシーおよび外部委託先に関する方針を含むシステムリスク管理の基本方針を定めるべきである。

③　システムリスク管理態勢の整備に当たっては，その内容について客観的な水準が判定できるものを根拠とすべきである。

③ **システムリスク評価**

①　システムリスク管理部門は，顧客チャネルの多様化による大量取引の発生や，ネットワーク拡充によるシステム障害等の影響の複雑化・広域化など，外部環境の変化によりリスクが多様化していることを踏まえ，定期的または適時にリスクを認識・評価すべきである。

②　システムリスク管理部門は，例えば1口座当たりの未記帳取引明細の保有可能件数などのシステムの制限値を把握・管

理し，制限値を超えた場合のシステム面・事務面の対応策を
検討すべきである。

③　商品開発の担当部門は，新商品の導入時または商品内容の
変更時に，システムリスク管理部門と連携するとともに，シ
ステムリスク管理部門は，システム開発の有無にかかわらず，
関連するシステムの評価を実施すべきである。

④　その他

監督指針には，上記のほかにも，「情報セキュリティ管理」「サ
イバーセキュリティ管理」「システム企画・開発・運用管理」「シ
ステム監査」「外部委託管理」「コンティンジェンシープラン」「障
害発生時等の対応」などの項目が挙げられていることに留意すべ
きである。

2 | 文書管理

1 文書管理の方法等

▶ 1. 意　義

　金融機関には膨大な量の文書が存在する。取引約定書，金銭消費貸借契約書，担保権設定契約書，保証書等の契約書類はもとより，稟議書等の内部文書などである。このような文書は，契約履歴を示す記録の根拠となるとともに，裁判においては重要な証拠書類となる。また，このような文書には顧客の情報が満載されているから，文書管理は，情報管理という側面も有する重要事項である。

▶ 2. 管理方法

　文書管理の要点は以下のとおりである。

　ⅰ）文書の種類・内容などから当該文書にアクセスできる者を限定する等の「アクセス管理」を定めて実行する必要がある。

📖 重要用語

アクセス管理

　ⅱ）文書作成・保管方法・保存期間などの個別具体的な管理方法を定める「保管管理」を定めて実行する必要がある。たとえば，施錠可能な場所への保管，文書の使用状況の管理，営業秘密書類か否かの表示などを適切に行うことである。

　ⅲ）文書内容に応じた適切な廃棄方法を選択実行し，外部の第三者に廃棄処分を委託する場合には，金融機関の職員が立ち会うことを行うなどの「廃棄管理」を定めて実行する必要がある。たとえば，文書の内容に応じて，溶解処理，裁断処理，焼却処理などを行うのである。

なお，最近は電子データ化された文書もあるが，このような文書も管理方法としてはコンピュータ・システム内におけるファイルに存在することになるから，通常の文書と同様な管理方法を行えばよいであろう。

2　民事訴訟における文書提出命令

▶ 1. 意　義

関連過去問題
〈2級〉
📝 2023年(10月)問41
📝 2023年(6月)問41
📝 2022年(10月)問41
📝 2022年(6月)問41
〈1級〉
📝 2022年(6月)問8
📝 2020年(10月)問9
📝 2019年(6月)問8

　民事訴訟法には，文書提出命令制度が法制化されている。金融機関は，自らが当事者となる訴訟等において，相手方などから文書提出命令の対象者とされ，金融機関の内部文書等の提出を求められる場合がある。特に，稟議書等の内部文書を巡っては，金融機関にかかわる文書提出命令の当否が争点となった裁判例が集積されているところである。

▶ 2. 民事訴訟法の規定内容

📖 **重要用語**

法律関係文書

　民事訴訟法は，220条3号において，法律関係文書として「挙証者と文書の所持者との間の法律関係について作成されたとき」には，文書の所持者は文書の提出を拒否できないと定めているが，同条4号により，「専ら文書の所持者の利用に供するための文書」（自己利用文書）は，提出義務の対象から除外されている。したがって，金融実務では稟議書は，旧法来，文書提出命令の対象外と考えられていた。

　ところが，民事訴訟法下で，銀行の稟議書を文書提出命令の対象となる文書であるとし，銀行に対し提出を義務付ける複数の決定が高等裁判所の判断として出された。しかし，最高裁は，特段の事情がない限り稟議書は文書提出命令の対象とはならない旨の判断を示した（最決平成11・11・12金融・商事判例1079号8頁）。したがって，金融機関の内部文書である稟議書には文書提出

命令が出されないことになった。

▶ 3. 留意点

　上記のように稟議書は，原則として文書提出命令の対象となら
ないが，「特段の事情」があれば文書提出命令が出されることに留
意すべきである。一方，資産査定のための自己査定資料は，法令
により金融機関に義務づけられている資産査定に関して必要な文
書であり，監督官庁による利用も予定されることから，自己利用
文書に該当しないとされており（最決平成19・11・30金融・商事
判例1284号39頁），文書提出命令の対象となることに留意が必要
である。なお，文書提出命令が出されたにもかかわらず，これに
従わない場合には，相手方が主張している事実を真実と認めるこ
とができる（民事訴訟法224条1項）ことに留意すべきであろう。

貸出稟議書は，原則として文書提出命令の対象
とならないが，「特段の事情」があれば文書提出
命令が出される。

第3編

3 | 情報管理

1 インサイダー情報の管理

▶ 1. 意　義

　第2編7-7において説明したように，金商法166条は，インサイダー取引を禁止している。規制対象となる行為者，行為，重要事実に係る情報等については前述のとおりであるが，金融機関内部および関連会社間における情報管理が問題となる。情報管理がずさんであれば，違法行為を防止できない可能性が高いからである。

▶ 2. 情報の管理方法

　金融機関の役職員は，業務上，取引先の重要事実に係る情報を取得する機会がある。当該情報をもとに証券取引を行うとインサイダー取引となるから，厳格な情報管理が必要となる。そこで，全銀協は「内部者取引未然防止体制の整備についてのガイドライン」を策定している。ガイドラインで重要なポイントは以下のとおりである。

　ⅰ）行員が業務に関して取引先の重要情報を取得した場合，直ちに所属する部店長に報告し，それ以外の行員に対しその重要情報を漏らしてはならない。

　ⅱ）部店長は，その重要情報の管理について，重要情報が業務上不必要な部署に伝わらないように厳重に管理しなければならない。

　ⅲ）発行会社との取引関係に基づくことなく自己の運用として

行う株券等の投資（以下「純投資」という）に係わる部署と法人取引関係部署とは組織上分離するなど，純投資に係わる部署において取引先重要情報が内部者取引に利用されることのないよう組織上の手当を行うこととする。

ⅳ）法人取引関係部署の役職員は，原則として自己が担当する発行会社の株券等について自己のために売買してはならない。

2 顧客情報の管理

▶ 1. 意　義

金融機関には，顧客の経済的状況等に関する情報が蓄積されている。第2編3－5において説明したように，金融機関は顧客の情報について守秘義務を負っており，守秘義務に違反することは違法行為である。そこで，守秘義務を十全なものとするために顧客情報をどのように管理すべきかが問題となる。ここでは，特に金融機関相互間で行われている信用照会制度の限界と子会社等との情報交換について説明する。

▶ 2. 信用照会制度の限界

関連過去問題
〈2級〉
✎ 2023年(10月)問45
✎ 2022年(6月)問45

重要用語
信用照会制度

金融機関の間には相互に顧客の信用情報を照会し，回答する慣行がある。これが信用照会制度である。その趣旨は，手形・小切手債務者の信用状況を把握し，取引金融機関が不良取引先を排除する点にある。また，この制度は，照会した金融機関が情報を第三者に開示しないこと，さらに，不正確な回答によって照会した金融機関が損害を受けた場合でも損害賠償責任を追及しないということを前提にした紳士協定であるとされている。そして，金融機関の外部に情報を出さないことを前提に守秘義務に違反しないと解されている。したがって，照会金融機関が取引先から依頼されて照会を行うことは，制度の濫用であるから許されず（回答内

容を第三者に遺漏すれば不法行為となる），金融機関は自己のため
だけに制度を利用すべきである。

なお，この制度は紳士協定ではあるが，回答先が故意または重
大な過失によって虚偽の回答をした場合などには，不法行為や債
務不履行責任を追及することもできよう。

▶ 3. 情報交換

金融機関は，子会社ないし関連会社との間においても，顧客情
報に関して守秘義務を負っている。したがって，顧客の同意がな
ければ，その情報を交換することはできない。

▶ 4. 顧客情報管理に関する監督指針の改正

平成22年6月4日に監督指針が改正された。この改正は，顧客
等に関する情報管理態勢に関するものであり，銀行，協同組織金
融機関，保険会社，金融商品取引業者，信託会社，貸金業者等に
対し，顧客等の情報管理態勢の整備を促すものである。

具体的には，①顧客等に関する情報管理に係る内部管理態勢の
整備，②顧客等に関する情報へのアクセス権限の管理，③外部委
託先等における顧客等に関する情報管理，④クレジットカード情
報等の特性を踏まえた情報管理，⑤法人関係情報を利用した不公
正取引の防止が改正の内容とされている。

① 改正の内容

ⅰ）意義（Ⅱ-3-2-3-1）

「意義」の部分に「クレジットカード情報の管理」と「法人関係
情報の管理とインサイダー取引等の不公正な取引の防止」が附加
された。

ⅱ）主な着眼点（Ⅱ-3-2-3-2）

「主な着眼点」に「⑴顧客等に関する情報管理態勢」が新設さ
れ，「①経営陣の役割」と「⑤内部監査」が新たに記載されている。

ⅲ）主な着眼点（Ⅱ-3-2-3-2）

「主な着眼点」の「⑵個人情報管理」に「③クレジットカード情報等の管理」が新設されている。

ⅳ）主な着眼点（Ⅱ－3－2－3－2）

「主な着眼点」に「⑶法人関係情報を利用したインサイダー取引等の不公正な取引の防止」が新設されている。

ⅴ）（外部委託）主な着眼点（Ⅱ－3－2－4－2）

「外部委託」の「主な着眼点」に具体的な委託先管理方法等が新設されている（同⑤～⑧）。

②　改正の背景

本改正の背景には，銀行，保険会社，証券会社等において多発している顧客情報漏えいと役職員によるインサイダー取引がある。かかる不祥事件を防止するため，金融機関に対し厳格な情報管理を求めているのである。

③　対応策

ⅰ）経営陣による施策

経営陣は，顧客情報管理に対し，トップダウンで責任をもって社内規程等を整備し，内部管理態勢を強化する等の施策を実施しなければならない。

ⅱ）内部監査の活用

顧客情報の管理について内部監査を実施している金融機関は多いであろうが，今般，監督指針に明示されたことから，より幅広い業務を対象とした内部監査を行うべきである。特に，クレジットカード情報やインサイダー情報に関する監査を徹底すべきであろう。また，監査を行う人材育成のための研修等も怠りなく行うべきである。

ⅲ）社内規程の整備

今般の改正によって追加された事項につき，社内規程の整備を行う。

ⅳ）アクセス権限の管理

顧客情報について，外部委託先を含めてアクセス権限を厳格に管理する。

ⅴ）外部委託先管理

外部委託先管理について，責任部署を明確にするとともに，外部委託先に対するモニタリングを行う。

ⅵ）クレジットカード情報等の管理

クレジットカード情報等について，適切な保存期間を設定し，保存場所を限定し，廃棄処分等を厳格に行う。なお，クレジットカード番号をコンピュータ画面に表示する場合には，何らかの工夫が必要である。

ⅶ）インサイダー情報の管理

インサイダー情報管理に関する社内規程を整備し，役職員を啓蒙するとともに，個別具体的な取引における報告等の措置を講じる必要がある。

4 人事・労務管理

1 男女均等待遇

▶ 1. 意　義

　わが国の女性は，歴史的に雇用において差別されてきた。能力等において男性に劣るわけではないにもかかわらず，昇給や昇進が男性よりも遅く，また，女性をめぐる職場関係の悪化から，事実上男性のように長期間就労できない環境にあった。

　そこで，「雇用の分野における男女の均等な機会及び待遇の確保等に関する法律」（以下「男女雇用機会均等法」という）が制定され，施行されている。また，厚生労働省は，「労働者に対する性別を理由とする差別の禁止等に関する規定に定める事項に関し，事業主が適切に対処するための指針」（以下「指針」という）を発出している。

　なお，平成18年6月21日に改正法が公布され，平成19年4月1日から施行された。改正法は，労働者が性別により差別されることなく，かつ，女性労働者が母性を尊重されつつ，その能力を十分に発揮することができる雇用環境を整備することを目的としており，それ故，性差別禁止の範囲が男性にも及ぶこととなり，女性については妊娠や出産を理由とする不利益取扱いを禁止する等の措置が講じられている。

▶ 2. 内　容

　男女雇用機会均等法および指針の内容等については，以下のとおりである。

📖 重要用語
男女雇用機会均等法

ⅰ）原則として事業主は，労働者の性別を理由として，賃金，労働時間その他の労働条件について，差別的な取扱いをしてはならない（労働基準法4条，男女雇用機会均等法6条）。

ⅱ）次に，男女雇用機会均等法5条は，「事業主は，労働者の募集及び採用について，その性別にかかわりなく均等な機会を与えなければならない」と規定している。したがって，たとえば，総合職について募集や採用を男性に限定することや一般職について女性に限定することなどは許されない。

ⅲ）事業主が，雇用の分野における男女の均等な機会および待遇の確保の支障となっている事情を改善することを目的として女性労働者に対して行う措置を妨げるものではない（男女雇用機会均等法8条）としているから，女性労働者に有利な措置を禁止するものではない。

ⅳ）妊娠，出産等を理由とする不利益取扱いの禁止等（男女雇用機会均等法9条3項・4項）

ア）女性労働者が妊娠し，出産し，または労働基準法の産前休業を請求したことなどによる解雇の禁止を加え，その雇用する女性労働者に対するこれらの事由を理由とする解雇以外の不利益な取扱いを禁止している。

イ）妊娠中の女性労働者および出産後1年を経過しない女性労働者に対してなされた解雇は無効とする。

ⅴ）なお，雇用差別に関する紛争については，都道府県労働局に調停の申請をすることができる（男女雇用機会均等法18条）。

ⅵ）指針において重要な項目は次のとおりである。

ア）「男性歓迎」または「女性向きの職場」などの表示は，その対象から男女いずれかを排除するものとして禁止される。

イ）一定の職務への配置にあたり，その対象から男女いずれかを排除することが禁止される。

ウ）教育訓練にあたり，その対象から男女いずれかを排除することが禁止される。

エ）守衛・警備員等防犯上の要請から男性に従事させることが必要である職業については，適用除外となる。したがって，かかる職種について，男性限定で募集採用することは許される。

オ）上記と同様の理由から，風俗・風習等の相違により女性が能力を発揮し難い海外での勤務が必要な場合，その他特別な事情により女性に対して男性と均等な機会を与えることが困難であると認められる場合には，適用除外とされている。

2 労務管理

▶ 1. 意 義

労務管理に関する基本法は，労働基準法，労働組合法，労働契約法，男女雇用機会均等法などがある。また，最近の労働実勢から，いわゆる労働者派遣業法やいわゆるパートタイム労働法などが定められ，いわゆる育児休業法も定められている。これらの法律の総称を労働法と呼んでおり，その根拠は，憲法27条と28条にある。

なお，労働基準法等の労働法の規定は，強行法規であり，労働者の同意があっても労働者に不利益な契約などは無効となることに留意すべきである。

関連過去問題

〈2級〉
✐ 2023年(10月)問50
✐ 2023年(6月)問50
✐ 2022年(10月)問50
✐ 2022年(6月)問50

📖 重要用語

強行法規

▶ 2. 内　容

①　労働基準法

重要用語
労働基準法

　労働基準法は，使用者と労働者の基本的な関係を定める法律であり，思想，信条，性別などを理由とする差別的扱いの禁止，労働契約に関する違約金または損害賠償予定額の禁止，賃金，就業時間，休息その他就労条件に関する最低基準等，労働者10名以上を常時使用する使用者に対する就業規則の義務付けなどを定めている。

②　労働組合法

重要用語
労働組合法

　労働組合法は，使用者が労働組合運動を妨害することを不当労働行為として禁止する法律である。すなわち，労働者に対する不利益な扱い，いわゆる黄犬契約（労働組合への不加入や脱退を条件に雇用契約をすること），団体交渉権の拒否，労働組合の組織・運営に関する介入，労働組合運営に対する経費援助，労働委員会への申立に対する報復的な不利益な扱いの6類型を不当労働行為として禁止している。

③　労働契約法

重要用語
労働契約法

　平成20年3月1日から労働契約法が施行されている。労働契約法は，労働者と使用者との間の労働契約について基本的なルールを定めた法律である。具体的には，労働契約の原則，労働契約の内容，安全への配慮，労働契約の成立および変更，労働契約の継続および終了等について定めている。

④　労働者派遣業法

重要用語
労働者派遣事業の適正な運営の確保及び派遣労働者の保護等に関する法律

　この法律の正式名称は，「労働者派遣事業の適正な運営の確保及び派遣労働者の保護等に関する法律」である。その趣旨は，派遣労働者の保護にあり，労働者を派遣できる業種，派遣元事業主の義務，書面による契約締結義務，派遣先事業主の義務などを定めている。

⑤　育児・介護休業法

　この法律の正式名称は,「育児休業,介護休業等育児又は家族介護を行う労働者の福祉に関する法律」である。その趣旨は,育児や介護を行う労働者の保護にあり,1歳未満の子を養育する労働者に対して,育児休業の取得または勤務時間の短縮の権利などを付与し,さらに,子供が1歳から3歳に達するまでの子を養育する労働者に対し,育児休業に準じた措置または勤務時間の短縮等の措置をとるべきと定めている。なお,もちろん男性も休業等の対象となる。

📖重要用語

育児休業,介護休業等育児又は家族介護を行う労働者の福祉に関する法律

⑥　パートタイム・有期雇用労働法

　この法律の正式名称は,「短時間労働者及び有期雇用労働者の雇用管理の改善等に関する法律」であり,正社員と異なる雇用形態であるパートタイマーやアルバイターなどの労働者を保護する法律であって,「公正な待遇の実現」を目指している。

　ここに「パートタイム労働者」とは,1週間の所定労働時間が,同一の事業主に雇用される通常の労働者の1週間の所定労働時間に比べて短い労働者をいう。また,「有期雇用労働者」とは,事業主と期間の定めのある労働契約を締結している労働者をいう。

　パートタイム労働者と有期雇用労働者を雇用している事業主は,次のような義務を負う。

　ⅰ）雇入れの際,労働条件を文書などで明示する。

　ⅱ）雇入れの際,雇用管理の改善措置の内容を説明する。

　ⅲ）求めがあった際には,通常の労働者との待遇の相違の内容・理由や待遇の決定に当たって考慮した事項を説明する。

　ⅳ）相談に対応するための体制を整備する。

　ⅴ）パートタイム労働者・有期雇用労働者のあらゆる待遇について,不合理な待遇差を設けてはならない。

　ⅵ）正社員と同視すべきパートタイム労働者・有期雇用労働者

📖重要用語

短時間労働者及び有期雇用労働者の雇用管理の改善等に関する法律

第3編

については，すべての待遇において差別的取扱いをしてはならない。

ⅶ）賃金や教育訓練は，パートタイム労働者・有期雇用労働者の職務の内容・配置の変更，成果，意欲，能力，経験などを勘案して決定・実施するよう努めなければならない。

ⅷ）職務の内容が通常の労働者と同じ場合は，職務の遂行に必要な能力を付与する教育訓練を通常の労働者と同様に実施する。

ⅸ）福利厚生施設の利用の機会をパートタイム労働者・有期雇用労働者に対しても与える。

ⅹ）パートタイム労働者・有期雇用労働者が通常の労働者へ転換する機会を与える。

労働基準法等の労働法の規定は強行法規であり，労働者の同意があっても労働者に不利益な契約などは無効となる。

3 セクシュアルハラスメント

関連過去問題
〈1級〉
✐2023年(6月)問10
✐2019年(10月)問10

📖重要用語

セクシュアルハラスメント

▶ 1. 意 義

セクシュアルハラスメント（以下「セクハラ」という）は，職場における性的な嫌がらせである。セクハラについて男女雇用機会均等法11条１項は，「事業主は，職場において行われる性的な言動に対するその雇用する労働者の対応により当該労働者がその労働条件につき不利益を受け，又は当該性的な言動により当該労働者の就業環境が害されることのないよう，当該労働者からの相談に応じ，適切に対応するために必要な体制の整備その他の雇用管理上必要な措置を講じなければならない」と規定し，事業主にセクハラに関する雇用管理上の配慮義務を課している。

そもそも，わが国の職場における男女の状況は，男性が主で女性が従とされ，女性は結婚または出産を機会に退職するというパターンが繰り返されてきた。したがって，女性の立場は弱く，男性の性的言動に対して嫌悪感をもったとしても，改善されることがなかった。そこで，法律がセクハラ防止を明示して職場環境等の改善を図っていたのであるが，平成18年の改正によって男性に対してもセクハラが成立することとなっている。

▶ 2. 類　型

男女雇用機会均等法上のセクハラには，「対価（代償・報復）型」と「環境型」があるとされる。

対価型とは，(1)の条文の前段に該当するものであり，性的な言動に対する対応により，労働者が労働条件上不利益を受けることである。具体的には，職場において行われる労働者の意に反する性的な言動に対する労働者の対応によって，その労働者が解雇，降格，減給等の不利益を受けることである。

📖 重要用語
対価型

環境型とは，(1)の条文の後段に該当するものであり，性的な言動により労働者の就労環境が害されることである。具体的には，意に反する性的な言動により，労働者が不快感を募らせ，能力の発揮に悪影響が生ずる等労働者が就業するうえで見過ごせない支障が出ることである。

📖 重要用語
環境型

▶ 3. 法的責任

セクハラが刑法に抵触するような場合には，犯罪とされる。たとえば，不同意わいせつ（刑法176条），不同意性交等（同法177条），名誉毀損（同法230条）などである。

また，刑法に抵触しないとしても，不法行為として民事責任，すなわち損害賠償責任が発生する（民法709条）。この場合，加害者のみならず，使用者である金融機関も使用者責任（同法715条）を負うことになる。さらに，金融機関に職場環境の整備などにつ

いて過失があれば，債務不履行責任（同法415条）や不法行為責任（同法709条）が発生することもあろう。

4 パワーハラスメント

関連過去問題
〈2級〉
✏ 2023年(6月)問49
✏ 2022年(10月)問49
✏ 2022年(6月)問49
〈1級〉
✏ 2023年(6月)問10
✏ 2022年(6月)問10

重要用語

パワーハラスメント

▶ 1. 総　説

　平成24年1月30日，厚生労働省から「職場のいじめ・嫌がらせ問題に関する円卓会議ワーキング・グループ報告」（以下「報告」という）が公表された。この報告には，「『職場のパワーハラスメント』の予防・解決に向けた労使や関係者の取組を支援するために，その概念や取組例を整理」との副題が付されている。つまり，厚生労働省という人事労務問題を統括する役所が「パワーハラスメント」という概念を認めて，その予防方法と解決策を示したのである。そして，平成31年の198通常国会において，労働施策の総合的な推進並びに労働者の雇用の安定及び職業生活の充実等に関する法律（昭和41年法律第132号）に第8章として「職場における優越的な関係を背景とした言動に起因する問題に関して事業主の講ずべき措置等」が創設され，事業主にパワーハラスメントへの対応義務が規定された。すなわち，同法30条の2第1項に「事業主は，職場において行われる優越的な関係を背景とした言動であって，業務上必要かつ相当な範囲を超えたものによりその雇用する労働者の就業環境が害されることのないよう，当該労働者からの相談に応じ，適切に対応するために必要な体制の整備その他雇用管理上必要な措置を講じなければならない」と規定されたのである。

▶ 2. パワーハラスメントとは

　上記法律には，職場におけるパワーハラスメントの定義や内容が明示されているわけではないが，厚生労働省が公表している「事

業主が職場における優越的な関係を背景とした言動に起因する問題に関して雇用管理上講ずべき措置等についての指針」（以下「パワハラ指針」という。）には、「職場におけるパワーハラスメントは、職場において行われる①優越的な関係を背景とした言動であって、②業務上必要かつ相当な範囲を超えたものにより、③労働者の就業環境が害されるものであり、①から③の要素をすべて満たすものをいう」とされている。

▶ 3. 行為類型

パワハラ指針は、職場におけるパワーハラスメントの行為類型として、次の①から⑥を列挙した上で、パワーハラスメントに該当する場合としない場合を例示している。

---

① 身体的な攻撃（暴行・傷害）

② 精神的な攻撃（脅迫・名誉毀損・侮辱・ひどい暴言）

③ 人間関係からの切り離し（隔離・仲間外し・無視）

④ 過大な要求（業務上明らかに不要なことや遂行不可能なことの強制・仕事の妨害）

⑤ 過小な要求（業務上必要な理由なく能力や経験とかけ離れた程度の低い仕事を命ずることや仕事を与えないこと）

⑥ 個の侵害（私的なことに過度に立ち入ること）

▶ 4. 予防および解決策

パワハラ指針には、事業主が職場における優越的な関係を背景とした言動に起因する問題に関し雇用管理上講ずべき措置の内容として次の各事項を挙げている。

① **事業主の方針等の明確化およびその周知・啓発**

ⅰ）職場におけるパワーハラスメントの内容および職場におけるパワーハラスメントを行ってはならない旨の方針を明確化し、管理監督者を含む労働者に周知・啓発する

こと

ⅱ）職場におけるパワーハラスメントに係る言動を
行った者については，厳正に対処する旨の方針および対
処の内容を就業規則その他の職場における服務規律等を
定めた文書に規定し，管理監督者も含む労働者に周知・
啓発すること

② 相談（苦情を含む。）に応じ，適切に対応するために必要な
体制の整備

ⅰ）相談への対応のための窓口（相談窓口）をあらかじめ
定め，労働者に周知すること

ⅱ）ⅰの相談窓口の担当者が，相談に対し，その内容や状
況に応じ適切に対応できるようにすること。また，相談
窓口においては，被害を受けた労働者が委縮するなどし
て相談を躊躇する例もあること等も踏まえ，相談者の心
身の状況や当該言動が行われた際の受け止めなどその認
識にも配慮しながら，職場におけるパワーハラスメント
が現実に生じている場合だけでなく，その発生のおそれ
がある場合や，職場におけるパワーハラスメントに該当
するか否か微妙な場合であっても，広く相談に応じ，適
切な対応を行うようにすること。

③ 職場におけるパワーハラスメントに係る事後の迅速かつ適
切な対応

ⅰ）事案に係る事実関係を迅速かつ正確に把握すること

ⅱ）ⅰにより，職場におけるパワーハラスメントが生じた
事実が確認できた場合においては，速やかに被害を受け
た労働者（被害者）に対する配慮のための措置を適正に
行うこと

ⅲ）ⅰにより，職場におけるパワーハラスメントが生じた

事実が確認できた場合においては，行為者に対する措置を適正に行うこと

iv）改めて職場におけるパワーハラスメントに関する方針を周知・啓発する等の再発防止に向けた措置を講ずること

④　①から③までの措置を併せて講ずべき措置

i）相談者・行為者等のプライバシーを保護する措置

ii）労働者が職場におけるパワーハラスメントに関し相談したこと等を理由として，解雇その他不利益な取扱いをされない旨を定め，労働者に周知・啓発すること

▶ 5. 法的責任

　パワーハラスメントが刑法に抵触するような場合には，犯罪とされる。たとえば，傷害（刑法204条），暴行（刑法208条），脅迫（刑法222条），名誉棄損（刑法230条）などである。

　また，刑法に抵触しないとしても，不法行為として民事責任，すなわち損害賠償責任が発生する（民法709条）可能性が高い。この場合，加害者のみならず，使用者である金融機関も使用者責任（同法715条）を負うことになる。加えて，金融機関がパワーハラスメントを解消するための適切な改善措置をとらず，かかる不作為に過失があれば，債務不履行責任（同法415条）や不法行為責任（同法709条）が発生する可能性を否定できない。

厚生労働省が公表した指針に例示された「パワーハラスメントの行為類型」を把握しておきましょう。

5 マタニティハラスメント

関連過去問題
〈1級〉
✎ 2019年(6月)問10

📖 重要用語

マタニティハラス
メント

▶ 1. 意 義

　平成28年３月31日，男女雇用機会均等法が改正され，平成29年１月１日から施行されている。この改正法は，いわゆるマタニティハラスメントを禁止する内容であり，厚生労働省は，「事業主が職場における妊娠，出産等に関する言動に起因する問題に関して雇用管理上講ずべき措置についての指針」（平成28年厚生労働省告示312号）を公表している。

　マタニティハラスメントとは，妊娠，出産を契機になされる嫌がらせを意味する。

　最高裁も妊娠を契機に降格された女性の訴えを認め，当該処分を男女雇用機会均等法に違反すると判断している（最高裁平成26年10月23日判決）。

　男女雇用機会均等法の具体的な改正内容は，同法に11条の３を新設するものであり，新たな規定の内容は，次のとおりである。

　「事業主は，職場において行われているその雇用する女性労働者に対する当該女性労働者が妊娠したこと，出産したこと，労働基準法第六十五条第一項の規定による休業をしたことその他の妊娠又は出産に関する事由であって厚生労働省令で定めるものに関する言動により当該女性労働者の就業環境が害されることのないよう，当該女性労働者からの相談に応じ，適切に対応するために必要な体制の整備その他の雇用管理上必要な措置を講じなければならない」（男女雇用機会均等法11条の３第１項）

　そして，厚生労働大臣は，事業主が講ずべき措置に関して，その適切かつ有効な実施を図るために必要な指針を定めるとされている（男女雇用機会均等法11条の３第３項）。事業者は，厚生労働省から公表されている前記指針の内容を検討して，マタニティ

ハラスメントを防止する体制を整備しなければならない。

▶ 2. 類　型

　厚生労働省「事業主が職場における妊娠，出産等に関する言動に起因する問題に関して雇用管理上講ずべき措置についての指針」によると，マタニティハラスメントの類型には，「制度等の利用への嫌がらせ型」，「状態への嫌がらせ型」があるとしている。

　制度等の利用への嫌がらせ型とは，労働基準法が規定する休業その他の妊娠または出産に関する制度または措置の利用に関する言動により就業環境が害されるものをいい，状態への嫌がらせ型は，雇用している女性労働者が妊娠したこと，出産したこと等に関する言動により就業環境が害されるものをいう。

マタニティハラスメントにおける「労働者」とは，いわゆる正規雇用労働者のみならず，パートタイム労働者，契約社員等，いわゆる非正規労働者を含む事業者が雇用する労働者のすべてをいう。

理解度チェック

❶　パートタイム労働者を1人でも雇っている金融機関は，雇入れの際，労働条件などを文書などで明示しなければならない。

❷　男女雇用機会均等法は，男性労働者に対するセクシュアルハラスメントを規制の対象としていない。

❸　マタニティハラスメントにおける労働者に該当するのは，正規雇用労働者のみである。

解答　❶　○
　　　　❷　×　　男性に対するセクシュアルハラスメントも規制の対象となっている。
　　　　❸　×　　正規雇用労働者のみならず，パートタイム労働者，契約社員等，いわゆる非正規労働者を含む事業者が雇用する労働者のすべてをいう。

📖 重要用語索引

〈執筆協力〉

弁護士　香月　裕爾（かつき　ゆうじ）

☆　本書の内容等に関する追加情報および訂正等について　☆

本書の内容等につき発行後に追加情報のお知らせおよび誤記の訂正
等の必要が生じた場合には，当社ホームページに掲載いたします。

（ホームページ 書籍・ＤＶＤ・定期刊行誌 メニュー下部の 追補・正誤表 ）

コンプライアンス・オフィサー認定試験
公式テキスト　金融コンプライアンス・オフィサー1級・2級

2024年度
受験用

2024年3月31日　第1刷発行

編　者　　経 済 法 令 研 究 会
発行者　　志　茂　満　仁
発行所　　㈱経 済 法 令 研 究 会
〒162-8421　東京都新宿区市谷本村町 3-21
電話 代表 03(3267)4811　制作 03(3267)4897
https://www.khk.co.jp/

営業所／東京03(3267)4812 大阪06(6261)2911 名古屋052(332)3511 福岡092(411)0805

制作／経法ビジネス出版㈱・小野　忍　　印刷／富士リプロ㈱　製本／㈱ブックアート